U0943707

[小中见大·智慧文丛]

小故事中的大智慧

心里的锁

张健鹏 胡足青◉主编 修订版
丰子恺◉绘图

九州出版社
JIUZHOUPRESS

图书在版编目(CIP)数据

心里的锁/张健鹏，胡足青主编；丰子恺绘.—北京：九州出版社，2007.4
(小中见大·智慧文丛；2)
ISBN 978-7-80195-648-4

Ⅰ.心… Ⅱ.①张…②胡…③丰… Ⅲ.成功心理学—通俗读物 Ⅳ.B848.4-49

中国版本图书馆CIP数据核字(2007)第048704号

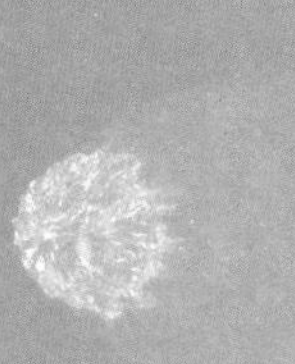

心里的锁：小故事中的大智慧

作　　者　张健鹏 胡足青 主编　丰子恺 绘图
责任编辑　姜逸荪
责任校对　赵　建
出版发行　九州出版社
地　　址　北京市西城区阜外大街甲35号(100037)
发行电话　(010)68992190/2/3/5/6
网　　址　www.jiuzhoupress.com
电子信箱　jiuzhou@jiuzhoupress.com
印　　刷　北京才智印刷厂
开　　本　720×1020 毫米　16开
印　　张　16.25
字　　数　320千字
版　　次　2007年5月第1版
版　　次　2007年5月第1次印刷
书　　号　ISBN 978-7-80195-648-4/B·204
定　　价　26.00元

智慧在此隐藏

——推开虚掩的智慧之门

※

每个人的心灵深处，或许都印刻着这样一幅画面：朗朗的星空下或摇曳的烛光旁，幼小的自己依偎在妈妈或奶奶怀中，入神地听着一个又一个动人的故事。或许是凶恶的大灰狼，或许是美丽的小公主，或许是蠢笨的地主和机智的长工，或许是英俊的王子和善良的灰姑娘……听着听着，孩子进入了梦乡；听着听着，孩子在慢慢成长……

繁忙紧张的现代人忙碌着一项项大事业，那些美丽的故事蒙着灰尘静静地躺在脑海深处。直到有一天，他们抱着自己的小宝宝，才想起去买本童话书，给孩子们讲讲故事。

真的只有孩子们才需要故事吗？

※※

其实，我们干裂的心田更需要一股充满爱与智慧的美丽的清泉。

因为职业的关系，多年来我先后采访过多位成功人士，成功当然都意味着财富、地位。他们在回忆自己成功的经历时，大多会抖落出一两个小故事，有自己亲历困境时的顿悟与体验，更多的是别人的小故事，甚至是流传已久的寓言、童话或民间故事。这些故事给予他们莫大的精神营养，他们从中汲取的信念与智慧对自己的成功有着很重要的作用。他们也经常把这些故事讲给员工、同事及朋友们听：这比讲别的更直接、形象、生动、传神。

我问自己：许多故事也曾经听过或读过，为什么人家就从中找到了成功的支撑，而我却轻易地让它们随风飘去呢？

※※※

因为，智慧在其中隐藏。

智慧是什么呢？

《现代汉语词典》中的解释是：辨析判断、发明创造的能力。如：人民的智慧是无穷的。

词条的定义当然是力求简洁精确。但我想，智慧其实是一种境界，是一种只可意会不可言传的境界：广阔的胸怀、渊博的知识、精明的头脑、机智的反应、敏锐的行动、幽默的语言……智慧无所不在，处处隐藏。不同的人，不同的时空，不同的事物，智慧的表现形式也大不相同，你这样做，他却那般行，没有一个标准答案。

可能任何对智慧的描述与捕捉都是多余和徒劳，所以六祖慧能只是拈花一笑。

※※※※

推开虚掩的智慧之门，捕捉住小故事中的智慧精灵。

你给我讲过一千遍大道理，我耳朵都听出茧子了，从小到大，妈妈和老师都是这么说的，语气神态都差不多，一出门我就给忘了。

你给我讲了一个小故事，一阵清风吹过，不经意间，我的心弦为之颤动，智慧与道理变成一个个可爱的小精灵，都慢慢融化在心里。

有的小故事也许多年前曾听过，有的乍一看觉得平淡无奇，但静下心，带着自己对生命与事业的体验，细细品味，会有全新的感觉。

※※※※※

有许多故事很精彩，可惜太长；有许多故事很精彩，但已流传甚广，只好对其割爱。本书力图为朋友们献上一份精美新鲜的小快餐，滴水藏海，小中见大。在轻松的阅读中，有一份新鲜的感觉，愉悦的享受，不知不觉中，为自己点一盏心灯。

慢慢去读吧，慢慢去做吧，我的朋友，不要让智慧消化不良，融入血液的营养才是真正的收获。

剑朋

2007年4月北京世纪城

◉ 第一辑 [名人小节]

鸡毛蒜皮→ 2
一个秘诀→ 2
该低头时就低头→ 3
综合测评→ 4
有志不在年高→ 5
落水者和负重者→ 7
另一个儿子→ 8
外公是总统→ 8
永不退缩的林肯总统→ 9
愿望与成功之间→ 10
最好的报酬→ 11
恐惧→ 12
将军变上校→ 13
校长与杂工→ 14
真实的高度→ 15
母亲→ 16
补脑→ 16
财富→ 17
促销→ 18
狗娘养的议员→ 18
成功的标准→ 19
一生磨一镜→ 20
搀扶→ 21
追赶承诺→ 21

◉ 第二辑 [别有洞天]

是谁赢得巨额奖金→ 24
减肥创意→ 24
竖块木牌→ 25
细节与结论→ 26
成功的法则→ 27
倒过来试试→ 28
吸烟时可以想上帝→ 29
求职策略→ 29
面试→ 31
只贷一美元的犹太富豪→ 32

金表→ 33
用上所有的力量→ 35
选择→ 36
营销→ 36
雕塑→ 37
激情活力→ 38
距离→ 39
死前要做的五十件事→ 41
美女调查报告→ 43
风驰电掣的感觉→ 44

◉ 第三辑 [生命感悟]

记住的和忘却的→ 46
送行→ 46
人与人→ 47
爱情值多少钱→ 48
出生入死时→ 49
其实你也有问题→ 50
人生幸福三诀→ 51
选择→ 53
人性翘翘板→ 55
放慢生活的脚步→ 57
坏脾气与钉子的故事→ 59
真诚舍弃→ 60
花季之问→ 61
还有一个苹果→ 63
摇捧沙→ 64
人生的 5 枚金币→ 65
方向→ 66
聪明误→ 67
不要等到比原来还少→ 68
真情测试→ 69
生命需要什么→ 70
高山流水→ 71
家门口的水沟→ 72
生命的最后一分钟→ 73
距离→ 74
心常常因细腻而伟大→ 75

◉ 第四辑 [爱的考核]

风雨中的菊花→ 78
最美好的礼物→ 80
爱之链→ 81
第六枚戒指→ 83
理解→ 85
5 块钱的故事→ 86
仁者无敌→ 87
母爱无言→ 88
我爱你，可是我不敢说→ 89
20 美金的价值→ 90
家是什么→ 92
妻子最美的时候→ 93
腾出那只手→ 24
征服→ 95
可依靠的人→ 96
学会宽容→ 98
爱的考核→ 99
孔雀的悲哀→ 100
总有可爱之处→ 101
知道我多么爱你→ 102

◉ 第五辑 [成功细节]

非常之举→ 106
试题的秘密→ 107
价值 3.5 万美元的观念→ 108
忍受极限→ 109
自律→ 110
诚实→ 111
耕种自己的田→ 111
这就辞职→ 113
俄罗斯套娃→ 114
温柔的赠送→ 115
锯掉“椅背”→ 116
文凭只看三个月→ 117
柯达的反击→ 118
别让雨下进灵魂里→ 119

成人之美→ 120
以退为进→ 121
永远不晚→ 122
白卷→ 123
生命中的大石块→ 124
财富跟着爱心来→ 125

◉ 第六辑 [一念之间]

原则→ 128
诚实至上→ 128
小约翰想要一辆自行车→ 129
推销有术→ 131
换票→ 132
囚徒困境→ 133
一念之间→ 134
心里的锁→ 135
癌症病人→ 136
位置→ 137
一枚硬币→ 138
希腊老师的辩术→ 139
咒语疑云→ 140
说“不”的勇气→ 142
门的悬念→ 143
遗憾→ 144
体会爱心→ 145
将心比心→ 146
诺言→ 147
没有不带伤的船→ 149
一把紫砂壶→ 150
穷人的浪漫→ 151

◉ 第七辑 [成人童话]

财主的选择→ 154
寻短见的少妇→ 155
地狱中的美女→ 156
誓言→ 156

好人家难求→ 157
世界末日→ 158
诗人的花园→ 159
船王与儿子→ 160
适可而止→ 161
走出钱眼→ 162
每秒摆一下→ 163
自己的观音→ 164
蜘蛛丝→ 165
山泉与金砂→ 166
100 元钱与半个馒头→ 167
活人的篓子→ 168
简单道理→ 169
生命的得失→ 170
遗产→ 171
骑马与走路→ 172
跑得比谁快→ 173
采访上帝→ 173
狮子和羚羊的家教→ 175
谋杀恐龙→ 175
贪污法则→ 176
两棵树→ 178
富乌鸦→ 179
两只老虎→ 180
骆驼和商人→ 181
游向高原的鱼→ 181

◉ 第八辑 [他山之石]

这是你的选择→ 184
气压计的故事→ 185
“信誉局”的威力→ 187
富人区→ 189
选择的自信→ 190
我看犹太人→ 193
美国素质教育故事→ 196
人生第一课→ 201
再富也要“穷”孩子→ 203
一步到位的开店精神→ 205

我在日本受到三次文化震撼→ 207
坐着的权利→ 209
中西思维的差异→ 211

◉ 第九辑 [古人谋略]

曾国藩的“失礼”→ 214
在仓还是在厕→ 215
明哲保身→ 216
胡林翼祝寿→ 217
官渡之战的余声→ 218
老妇人的悲伤→ 218
大智若愚→ 219
如果泯灭了个性→ 220
讲道理→ 221
良药为何一定要苦口→ 221
说话的艺术→ 222
忠奸之辩→ 223
后主刘禅→ 224
谁陪君王喝酒→ 225
曹彬对付小人→ 226
管鲍之交→ 227
智慧与风骨→ 228

后记→ 231

◉ 第一辑

【名人小节】

鸡毛蒜皮

大哲学家柏拉图有一次就一件小事毫不留情地训斥了一个小男孩，因为这小孩总在玩一个很愚蠢的游戏。

小男孩不服气："您为一点鸡毛蒜皮的小事而谴责我。"

"但是，你经常这样做就不是鸡毛蒜皮的小事了。"柏拉图回答说，"你会养成一个终生受害的坏习惯。"

[书外人语] 习惯的力量是巨大的，人一旦养成一个习惯，就会不自觉地在这个轨道上运行。如果是好习惯，则会终生受益，要是坏习惯，可能就会在不知不觉中害你一辈子。

一个秘诀

开学第一天，古希腊大哲学家苏格拉底对学生们说："今天咱们只学一件最简单也是最容易做的事儿。每人把胳膊尽量往前甩，然后再尽量往后甩。"说着，苏格拉底示范做了一遍："从今天开始，每天做300下。大家能做到吗？"

学生们都笑了。这么简单的事，有什么做不到的？过了一个月，苏格拉底问学生们："每天甩手300下，哪些同学坚持了？"有90%的同学骄傲地举起了手。又过了一个月，苏格拉底又问，这回，坚持下来的学生只剩下八成。

一年过后，苏格拉底再一次问大家：“请告诉我，最简单的甩手运动，还有哪几位同学坚持了？”这时，整个教室里，只有一人举起了手。这个学生就是后来成为古希腊另一位大哲学家的柏拉图。

［书外人语］世间最容易的事是坚持，最难的事也是坚持。说它容易，是因为只要愿意做，人人都能做到；说它难，是因为真正能够做到的，终究只是少数人。成功在于坚持，这是一个并不神秘的秘诀。

该低头时就低头

| 陈光岳

被称为美国人之父的富兰克林，年轻时曾去拜访一位德高望重的老前辈。那时他年轻气盛，挺胸抬头迈着大步，一进门，他的头就狠狠地撞在门框上，疼得他一边不住地用手揉搓，一边看着比他的身子矮去一大截的门。出来迎接他的前辈看到他这副样子，笑笑说：“很痛吧！可是，这将是你今天访问我的最大收获。一个人要想平安无事地活在世上，就必须时刻记住：该低头时就低头。这也是我要教你的事情。”

富兰克林把这次拜访得到的教导看成是一生最大的收获，并把它列为一生的生活准则之一。富兰克林从这一准则中受益终生，后来，他功勋卓越，成为一代伟人，他在他的一次谈话中说：“这一启发帮了我的大忙。”

［书外人语］做人不可无骨气，但做事不可总是仰着高贵的头。

综合测评

|何萍露 译

假设我们要从以下三个候选人中选择一位来造福全世界，你会选择哪一位呢?先来作一些对比：

候选人A：

笃信巫医和占卜家

有两个情妇

有多年的吸烟史，而且嗜好马提尼酒

候选人B：

曾经两次被赶出办公室

每天要到中午才肯起床

读大学时曾经吸食鸦片

每晚都要喝一夸脱(大约一公升)的白兰地

候选人C：

曾是国家的战斗英雄

保持着素食习惯

从不吸烟，只偶尔来点啤酒

年轻时没有做过什么违法的事

是不是觉得这些信息已经足够帮助你决定最佳人选了呢?千万不要以为这是个容易的抉择，现在让我们来揭晓答案，看看你选了谁……

候选人A是富兰克林•D•罗斯福，候选人B是温斯顿•丘吉尔，候选人C叫做阿道夫•希特勒。

[书外人语] 好人身上有缺点，坏人身上有优点，区分好人坏人的标准是什么呢?三言两语说不清楚，但有一点要记住：不要简单化，公式化。

有志不在年高

| [美] 保罗·奥兰特

他静静地埋伏在草丛里，思索着。他研究过小女孩的习惯，知道她会在下午两三点钟从外公的家里出来玩。

为此他深深地痛恨自己。

尽管他的日子过得一塌糊涂，可他从来没有过绑架这种冷酷的念头。

然而此刻他却借着屋外树丛的掩护，躲在草丛中，等待着一个天真无邪、长着红头发的两岁小姑娘进入他的攻击范围。

这是漫长的等待，使他有时间去思考，或许哈伦德从前的日子都过得太匆忙了。

他父亲是印第安纳州的农民。去世时他才5岁。

他14岁时从格林伍德学校辍学开始了流浪生涯。

他在农场干过杂活，干得很不开心。

当过电车售票员，也很不开心。

16岁时他谎报年龄参了军——而军旅生活也不顺心。

一年的服役期满后，他去了阿拉巴马州。开了个铁匠铺，不久就倒闭了。

随后他在南方铁路公司当上了机车司炉工。他很喜欢这份工作，以为终于找到了自己的位置。

他18岁时娶了媳妇，没想到仅过了几个月时间，在得知太太怀孕的同一天又被解雇了。

接着有一天，当他在外面忙着找工作时，太太卖了他们所有的财产逃回了娘家。

随后大萧条开始了。哈伦德并没有因为老是失败而放弃。别人也是这么说的。他确实努力过了。

有一次还是在铁路上工作的时候，他曾通过函授学习法律，但后来放弃了。

他卖过保险，也卖过轮胎。

他经营过一条渡船，还开过一家加油站，都失败了。认命吧，哈伦德永远也成功不了。

此刻，他躲在弗吉尼亚州若阿诺克郊外的草丛中，谋划着一次绑架行动。他观察过小女孩的习惯，知道她下午什么时候会出来玩。

可是，这一天，她没出来玩。因此他还是没能突破他一连串的失败。

后来，他成了考宾一家餐馆的主厨和洗瓶师。要不是那条新的公路刚好穿过那家餐馆，他会干得很好。

接着到了退休的年龄。

他并不是第一个，也不会是最后一个到了晚年还无以为耀的人。幸福鸟，或随便什么鸟，总是在不可企及的地方拍打着翅膀。他一直安分守己——除了那次未遂的绑架。

出于公正，必须说明的是，他只是想从离家出走的太太那儿绑架自己的女儿。

不过，母女俩后来回到了他身边。

时光飞逝。眼看一辈子都过去了，而他却一无所有。要不是有一天邮递员给他送来了他的第一份社会保险支票，他还不会意识到自己老了。

那天，哈伦德身上的什么东西愤怒了，觉醒了，爆发了。

政府很同情他。政府说，轮到你击球时你都没打中，不用再打了，该是放弃、退休的时候了。

他们寄给他一张退休金支票，说他“老”了。

他说：“呸。”

他气坏了。他收下了那张105美元的支票，并用它开创了新的事业。

今天，他的事业欣欣向荣。而他，也终于在88岁高龄大获成功。

这个到该结束时才开始的人就是哈伦德·山德士。

他用他第一笔社会保险金创办的崭新事业正是肯德基家乡鸡。

接下来的故事想必您已经知道。

［书外人语］没想到肯德基门口站着的那个可爱的“老头”还会有这样一串故事吧，当你用鸡块果腹的时候，最好也从老头这儿汲取点精神营养。

落水者和负重者

| 王昔平

拿破仑年轻的时候，一次到郊外打猎，突然听见有人喊救命，他快步走到河边一看，见一男子正在水中挣扎。这河并不宽，拿破仑端起猎枪，对准落水者，大声喊道：“你若再不自己游上来，我就把你打死在水里！”那人见求救已无用，反而更添一层危险，便只好奋力自救，终于游上岸来。

拿破仑当了皇帝后，一天清晨，在花园中散步，迎面被身负重物的士兵挡住去路。这时宫廷女卫士长忙喝令士兵赶快给大皇帝让路，拿破仑却忙阻止说：“夫人，请尊重负重者。”并给负重士兵让开了一条道。

拿破仑拿枪逼迫落水者自救，是想告诉他，自己的生命本应该是自己负责的，惟有自己负责的生命才是真正有救的生命。“请尊重负重者”，在拿破仑看来，地位的高下是不重要的，重要的是生命肩头的分量。

［书外人语］假如我们正处在一个不利的位置，那么，请丢掉幻想，自己解救自己吧。即使我们最终没能到达彼岸，但只要我们努力了，只要是负重前行，即使是拿破仑，也会尊重我们的。

另一个儿子

哈里·S·杜鲁门当选美国总统以后，有记者到其家乡采访杜鲁门的母亲。记者首先称赞道：

“有哈里这样的儿子，您一定感到十分自豪。”

“是这样。”杜鲁门的母亲赞同道，“不过，我还有一个儿子，也同样使我感到自豪。”

“他是做什么的呢？”记者问。

“他正在地里挖土豆。”

[书外人语] 认真地做事，快乐地生活，不论你的成就高低，你都值得母亲骄傲。

外公是总统

美国总统富兰克林·罗斯福的小外孙女有一天和小伙伴玩回来问母亲：

“妈妈，他们说我外公是总统，您为什么不告诉我呀？”

妈妈说：“孩子，这也值得你骄傲吗？能当总统的人很多呀。”

[书外人语] 相比之下，有许多中国小孩从小就知道父亲是处长，爷爷是局长……

永不退缩的林肯总统

| [美]杰克

坚持到底的最佳实例可能就是亚伯拉罕•林肯。如果你想知道有谁从未放弃，那就不必再寻寻觅觅了！

生下来就一贫如洗的林肯，终其一生都在面对挫败，八次竞选八次落败，两次经商失败，甚至还精神崩溃过一次。

好多次，他本可以放弃，但他并没有如此，也正因为他没有放弃，才成为美国历史上最伟大的总统之一。

林肯天下无敌，而且他从不放弃。

以下是林肯进驻白宫前的简历：

1816年，家人被赶出了居住的地方，他必须工作以抚养他们。

1818年，母亲去世。

1831年，经商失败。

1832年，竞选州议员——但落选了！

1832年，工作也丢了——想就读法学院，但进不去。

1833年，向朋友借钱经商，但年底就破产了，接下来他花了16年，才把债还清。

1834年，再次竞选州议员——赢了！

1835年，订婚后即将结婚时，未婚妻却死了，因此他的心也碎了！

1836年，精神完全崩溃，卧病在床六个月。

1838年，争取成为州议员的发言人——没有成功。

1840年，争取成为选举人了——失败了！

1843年，参加国会大选——落选了！

1846年，再次参加国会大选——这次当选了！前往华盛顿特区，表现可圈可点。

1848年，寻求国会议员连任——失败了！

1849年，想在自己的州内担任土地局长的工作——被拒绝了！

1854年，竞选美国参议员——落选了！

1856年，在共和党的全国代表大会上争取副总统的提名——得票不到一百张。

1858年，再度竞选美国参议员——再度落败。

1860年，当选美国总统。

[书外人语] 此路艰辛而泥泞。我一只脚滑了一下，另一只脚也因而站不稳；但我缓口气，告诉自己，"这不过是滑一跤，并不是死去而爬不起来。"——林肯在竞选参议员落败后如是说。

愿望与成功之间

|刘燕敏

1864年，美国南北战争结束，一位叫马维尔的记者采访林肯。

记者：据我所知上两届总统都曾想过废除黑奴制，解放黑奴宣言也早在他们那个时期就已草就，可是他们都没拿起笔签署它。请问总统先生，他们是不是想把这一些伟业留下来，给您去成就英名？

林肯：可能有这意思吧。不过，如果他们知道拿起笔需要的仅是一点勇气，我想他们一定非常懊丧。

这段话发生在林肯去帕特森的途中，马维尔还没来得及问下去，林肯的马车就出发了，因此，他一直都没弄明白林肯的这句话到底是什么意思。直到1914年，林肯去世50年后，马维尔才在林肯致朋友的一封信中找到答案。在信里，林肯谈到幼年的一段经历：

"我父亲有一处农场，上面有许多石头。正因如此，父亲才得以较低价格买下它，有一天，母亲建议把上面的石头搬走。父亲说如果可以搬走的话，主人就不会卖给我们了，它们是一座座小山头，都与大山连着。

"有一年，父亲去城里买马，母亲带我们在农场劳动。母亲说：'让我们把这些碍事的东西搬走，好吗？'于是我们开始挖那一块块石头，不长时间，就把它们弄走了，因为它们并不是父亲想象的山头，而是一块块孤零零的石块，只要往下挖一英尺，就可以把它们晃动。"

林肯在信的末尾说，有些事情一些人之所以不去做，只是他们认为不可能。有许多不可能，只存在于人的想象之中。

读到这封信的时候，马维尔已是76岁的老人了，就是在这一年，他正式下决心学外语。据说，1922年，他在广州采访时，是以流利的汉语与孙中山对话的。

[书外人语] 有许多困难是心里想象出来的，尽管任何事情不可能一帆风顺，但必须去做，才可能有成功的机会。

最好的报酬

|魏国强

弗莱明是一个穷苦的苏格兰农夫。有一天，当他在田里工作时，听到附近泥沼里有人发出求助的哭声，于是他放下农具，跑到泥沼边，发现一个小孩掉到粪池里，于是弗莱明把这个小孩从死亡边缘救出来。

隔天，有一辆崭新的马车停在农夫家，走出来一位优雅的绅士。他自我介绍是那被救小孩的父亲。绅士说:"我要报答你，你救了我小孩的生命。"农夫说:"我不能因救你的小孩而接受报酬。"

就在那时，农夫的儿子从茅屋的门走进来，绅士问："那是你的儿子吗？"农夫很骄傲地回答说："是。"绅士说："我们来个协议，让我带走他，并让他接受良好的教育。假如这小孩像他父亲一样，他将来一定会成为一位令你骄傲的人。"

农夫答应了。后来农夫的小孩从圣玛利亚医学院毕业，并成为举世闻名的弗莱明·亚历山大爵士，也就是盘尼西林的发明者。他在1944年受封骑士爵位，且得到诺贝尔奖。

数年后，绅士的儿子染上肺炎，谁救活他呢？盘尼西林。那绅士是谁呢？上议院议员丘吉尔。他的儿子是谁？是英国政治家丘吉尔爵士。

[书外人语] 一个小小农夫的一点点善良，竟然给世界带来如此重大的变化，善莫大焉。

恐　　惧

在一次政府会议上，赫鲁晓夫声色俱厉地指责斯大林的错误。突然听众席上有人打断了他的讲话。

"你也是斯大林的同事，"诘问者大声喊道，"为什么你当时不阻止他呢？"

"谁在这样问？"赫鲁晓夫怒吼道。

会议厅里一片极度不安的寂静，没有人敢动弹一下。最后赫鲁晓夫轻声说："现在你该明白为什么了吧？"

[书外人语] 站着说话不腰疼，如不身临其境，是理解不了恐惧的含义的。

将军变上校

|李俊喜

第二次世界大战结束后，一位刚从柏林回到莫斯科的苏联将军向斯大林汇报工作。斯大林很满意，一个劲儿地夸奖他。

汇报结束后，将军依然坐在那里，吞吞吐吐，面露难色。斯大林关切地问道：

“将军同志，你还有什么问题？”

“我有一件私事，可不知怎么对您说……”

“请讲吧！”

将军犹豫片刻，说道：“我从德国弄了一些喜欢的东西回来，被边防检查站扣下了。如果有可能，我请求让他们还给我。”

“可以。请你写一份清单。”

将军马上从口袋里掏出早就准备好的被扣物品清单。斯大林立即批示如数归还。

将军连连道谢，斯大林说：“不必”。

将军仔细一看批示，见上面对他的称呼不是“将军”，而是“上校”，不由问道：“斯大林同志，您这里是不是写错了？”

“不，完全正确，我们这是等价交换。上校同志！”

[书外人语] 天下没有免费的午餐，得到就要有付出，问题在于用什么换什么。

校长与杂工

1917年1月4日，一辆四轮马车驶进北京大学的校门，徐徐穿过校园内的马路。

这时，早有两排工友恭恭敬敬地站在两侧，向蔡元培，这位刚刚被任命为北大校长的传奇人物鞠躬致敬。新校长缓缓地走下马车，摘下他的礼帽，向这些杂工们鞠躬回礼。

在场的许多人都惊呆了：这在北大是前所未有过的事情，北大是一所等级森严的官办大学，校长是内阁大臣的待遇，从来就不把工友放在眼里。今天的新校长怎么了？

像蔡元培这样地位崇高的人向身份卑微的工友行礼，在当时的北大乃至中国都是罕见的现象。这不是件小事，北大的新生由此细节开始。他的这一行为，是对北大官气的一个反拨，是一面如何做人的旗帜。

[书外人语] 兼容并包是一种博大的胸怀，尊重杂工也是一种伟大的胸怀。很多士大夫文人嘴上说拯救天下苍生，可如果你根本看不起他们，还会去救他们？

真实的高度

一天，大仲马得知他的儿子小仲马寄出的稿子总是碰壁，便对小仲马说:“如果你能在寄稿时，随稿给编辑先生们附上一封短信，或者只是一句话，说‘我是大仲马的儿子’，或许情况就会好多了。”

小仲马固执地说:“不，我不想坐在你的肩头上摘苹果，那样摘来的苹果没味道。”年轻的小仲马不但拒绝以父亲的盛名做自己事业的敲门砖，而且不露声色地给自己取了十几个其他姓氏的笔名，以避免那些编辑先生们把他和大名鼎鼎的父亲联系起来。

面对那些冷酷而无情的一张张退稿笺，小仲马没有沮丧，仍在不露声色地坚持创作自己的作品。他的长篇小说《茶花女》寄出后，终于以其绝妙的构思和精彩的文笔震撼了一位资深编辑。这位知名编辑曾和大仲马有着多年的书信来往。他看到寄稿人的地址同大作家大仲马的丝毫不差，怀疑是大仲马另取的笔名。但作品的风格却和大仲马的迥然不同。带着这种兴奋和疑问，他迫不及待地乘车造访大仲马家。

令他大吃一惊的是，《茶花女》这部伟大的作品，作者竟是大仲马名不见经传的年轻儿子小仲马。“您为何不在稿子上署上您的真实姓名呢？”老编辑疑惑地问小仲马。小仲马说:“我只想拥有真实的高度。”

老编辑对小仲马的做法赞叹不已。

《茶花女》出版后，法国文坛书评家一致认为这部作品的价值大大超越了大仲马的代表作《基度山恩仇记》。小仲马一时声誉鹊起。

［书外人语］中国有句老话：前三十年看父敬子，后三十年看子敬父。但无论谁借谁的光，恐怕最长期限也不会超过三十年。惟有靠自己的本事，才可能赢得长久的尊重。

母　　亲

拿破仑有一次在同贡庞夫人交谈时问道:“传统的教育体制似乎一无是处，为了使人们受到良好的教育，我们缺少的是什么呢?”

“母亲。”贡庞夫人回答说。

这个回答深深地打动了皇帝。“不错!”他说,“在这一个词里包含着一种教育体制。那么请您费心，务必要培养出知道怎样去教育自己孩子的母亲。”

［书外人语］母亲的品质决定着孩子的未来。一个家庭，哪怕穷得家徒四壁，只要有一个善良、节俭、乐观和整洁的女人在料理，这样的家庭仍是心灵的圣堂与快乐力量的源泉。母亲为社会贡献的最主要的产品就是你的孩子，除了自发的爱以外，母亲必须学习教育的艺术，否则，任何教育改革都将是徒然。

补　　脑

大作家马克·吐温收到一位初学写作的青年的来信。写信人对这样一个问题颇感兴趣:

“听说鱼骨里含有大量的磷质，而磷质有助于补脑子。那么要成为一个举世闻名的大作家，就必须吃很多的鱼才行吧?不知这种说法是否符合实际。”

他又问道:“您是否也吃了很多的鱼，吃的是哪种鱼呢?”

马克·吐温回信说:“看来，你得吃一对鲸鱼才行。”

［书外人语］只听说过“天将降大任于斯人也，必先……”，除了广告以外，还没有听说过补品补出来的伟大人物。

财　　富

俄国著名诗人普希金在一家饭馆里吃饭，有个贵族子弟认出了他，便嬉皮笑脸地说:

“亲爱的普希金，看得出你的腰包是装得满满的。”

普希金瞥了他一眼，风趣地说:

“自然，我比你阔气些。你有时候要闹穷，苦苦等待家里汇款给你，否则就无法活下去，而我却有永久地进款……”

“永久的进款?”贵族子弟不解地问,“从哪儿来的?”

“那是从33个俄文字母上来的。”

［书外人语］再多的财富，经不住一个败家子的挥霍；再深的贫穷，会因一个努力者而改变。

促　销

毛姆成名之前，生活清苦。为求文章有价，有一次写完一部小说后，毛姆就在报纸刊登了这样一份征婚启事：

“本人喜欢音乐和运动，是个年轻又有教养的百万富翁，希望能和毛姆小说中女主角完全一样的女性结婚。”

几天之后，毛姆的小说被抢购一空。

[书外人语] 应当说，毛姆开了现代畅销书炒作的先河。只不过，今天的这些文人炒作手法比毛姆要差远了。

狗娘养的议员

美国著名作家马克·吐温有一次演说，当谈到国会中某些议员卑鄙龌龊的行径时，情绪激动，不能自已，说道：“美国国会中有些议员简直就是狗娘养的!”事后，某些议员联合起来攻击马克·吐温，要求他赔礼道歉，承认错误，并扬言如不照办，就要向法院控告他的诽谤罪。

马克·吐温于是在报上发表了这样一个声明：

“本人上次谈话时说‘美国国会中有些议员是狗娘养的’，确有不妥之处，而且不符合事实。现郑重声明如下：美国国会中有些议员不是狗娘养的。——马克·吐温。”

这一来，那些议员无法追究他的诽谤罪了，但却陷入了更尴尬的处境。

[书外人语] 愚蠢的议员不去想办法做好自己分内的事情，却来跟作家咬文嚼字，那只好自取其辱了。

成功的标准

美国汽车工业巨头福特曾经特别欣赏一个年轻人的才能，他想帮助这个年轻人实现自己的梦想。可这位年轻人的梦想却把福特吓了一跳：他一生最大的愿望就是赚到1000亿美元——超过福特现有财产的100倍。

福特问他："你要那么多钱做什么？"

年轻人迟疑了一会，说："老实讲，我也不知道，但我觉得只有那样才算是成功。"

福特说："一个人果真拥有那么多钱，将会威胁整个世界，我看你还是先别考虑这件事吧。"

在此后长达五年的时间里，福特拒绝见这个年轻人，直到有一天年轻人告诉福特，他想创办一所大学，他已经有了10万美元，还缺少10万。福特这时开始帮助他，他们再没有提过那1000亿美元的事。

经过八年的努力，年轻人成功了，他就是著名的伊利诺斯大学的创始人本·伊利诺斯。

[书外人语] 不要老想着超过比尔·盖茨，给成功下出一个切实可行的定义。

一生磨一镜

在荷兰，有一个刚初中毕业的青年农民，来到一个小镇，找到了一份替镇政府看门的工作。他在这个门卫的岗位上一直工作了60多年，他一生没有离开过这个小镇，也没有再换过工作。

也许是工作太清闲，他又太年轻，他得打发时间。他选择了又费时又费工的打磨镜片当自己的业余爱好。就这样，他磨呀磨，一磨就是60年。他是那样的专注和细致，锲而不舍，他的技术已经超过专业技师了，他磨出的复合镜片的放大倍数，比他们的都要高。借着自己打磨的镜片，他终于发现了当时科技尚未知晓的另一个广阔的世界——微生物世界。从此，他声名大振，只有初中文化的他，被授予了在他看来是高深莫测的巴黎科学院院士的头衔，就连英国女王都到小镇拜会过他。

创造这个奇迹的小人物，就是科学史上鼎鼎大名的、活了90岁的荷兰科学家万·列文·虎克，他老老实实地把手头上的每一个玻璃片磨好，用尽毕生的心血，致力于每一个平淡无奇的细节的完善，终于他在他的细节里看到了他的上帝，科学也在他的细节里看到了自己更广阔的前景。

[书外人语] 一花一世界，一沙一天堂。你能执著地把手上的小事情做到完美的境界吗?

搀　扶

1963年，美国原子能研究方面的最高奖——费米奖的得主是年过六旬的著名科学家奥本海默。颁奖仪式上，各界名流云集，接替肯尼迪就任总统职位的约翰逊也来参加这一盛典。

当奥本海默走上主席台时，由于年老体弱，打了一个趔趄。约翰逊总统见状，赶忙伸手去扶他。奥本海默推开他的手，说道：

“总统先生，当一个人行将衰老时，你去扶他是没有用处的，只有那些年轻人才需要你扶持。”

［书外人语］扶老人一把，更多的是一个人道德水平的体现；扶年轻人一把，则是一个人胸怀、见识等方面的体现。惟有不断地扶持新生力量，这个社会才能吐故纳新。

追赶承诺

崔　浩

百事可乐的总裁卡尔•威勒欧普到科罗拉多大学演讲的时候，有一个名叫杰夫的商人通过演讲会的主办者约卡尔见面谈一谈。卡尔答应了，但只能在演讲完后，而且只有15分钟的时间。

杰夫就在大学礼堂的外面坐等。

卡尔兴致勃勃地为大学生们演讲，讲他的创业史，讲商业成功必须遵循的原则，不知不觉中时间已超过了与杰夫约定的见面时间，显然他已忘记了与别人的约定。

正当卡尔继续兴致很高地演讲时，他发现一个人从礼堂外推门，径直朝讲台上走来。那人一直走到他的面前，一言不发放下一张名片后转身离去。卡尔拿起名片一看，背面写着："您和杰夫·荷伊在下午两点半有约在先。"

卡尔猛然省悟。一边是需要他说服并且灌输百事可乐思想的大学生们，他们是他的企业发展的目标甚至是动力，而另一边只是一个名不见经传向他请教的商人。卡尔没有犹豫，他对大学生们说："谢谢大家来听我的讲演，本来我还想和大家继续探讨一些问题的，但我有一个约会，而且现在已经迟到了。迟到已经是对别人的不礼貌，我不能失约，所以请大家原谅，并祝大家好运。"

在雷鸣般的掌声中，卡尔快步走出礼堂，他在外面找到了正在等他的杰夫，向他致了歉意后，便又滔滔不绝地告诉了杰夫他所想要知道的一切。结果，原来定好的15分钟时间他们一直交谈了30分钟，后来，杰夫成了一名成功的商人，他把这一段经历告诉了他的朋友。他的朋友们都对百事可乐产生了信任并决定经销和宣传百事可乐。

不论我们的目标多么伟大，或者有多少伟大的事业等着我们去做，我们一定要遵守自己的承诺并且去做好它。因为经商和做人的成功秘诀中最不能缺少的两个字就是——诚信。

[书外人语] 有伟大的人格才会有伟大的事业，这是千古不移的真理。

山到成名毕竟高

黄山作 子恺

第二辑

别有洞天

是谁赢得巨额奖金

|澜 涛

英国一家报纸举办一项高额奖金的有奖征答活动。题目是：在一个充气不足的热气球上，载着三位关系人类兴亡的科学家，热气球即将坠毁，必须丢出一个人减轻载重。三个人中，一位是环保专家，他的研究可拯救无数生命因环境污染而身陷死亡的噩运；一位是原子专家，他有能力防止全球性的原子战争，使地球免遭毁灭；另一位是粮食专家，他能够使不毛之地植生谷物，让数以亿计的人们脱离饥饿。

奖金丰厚，应答信件众说不一。巨额奖金的得主却是一个小男孩，小男孩的答案是——把最胖的科学家丢出去。

[书外人语] 有时，复杂的不是问题，而是看问题的眼睛。

减 肥 创 意

减肥是令许多人望而却步的难事，是许多胖子们的大难题。但有一家减肥健美俱乐部却效果显著，久负盛名。

一天，一位胖男子慕名而来，他已有过多次失败的经历了。他抱着最后一试的态度问教练，他该怎么办?

教练记下了他的地址，然后告诉他：回家等候通知，明天有人告诉你怎么做。

第二天一早，门铃响了，一位漂亮性感的青春女郎站在门口，对胖子说：教练吩咐，你要能追着我，我就是你的。胖子大喜，从此每天早晨都在女郎后边狂追。

如此数月下来，胖子已逐渐身手矫健起来，他早都忘了这是减肥，只是想一定要把那姑娘追到手。

直到有一天，胖子心想：今天我一定能追到她了。他早早起来在门口等着，那位姑娘没来，来的是一位同他以前一样胖的女士。

胖女士对他说："教练吩咐，我要能追到你，你就是我的。"

[书外人语] 这只是一个笑话，但它却告诉我们，不妨"偷换概念目标"，把一些艰苦的过程变得轻松有趣起来，这样你就能更好地坚持下去。

竖块木牌

|杨雁冰

法国著名女高音歌唱家玛•迪梅普莱有一个美丽的私人林园。每到周末，总会有人到她的林园摘花，拾蘑菇，有的甚至搭起帐篷，在草地上野营野餐，弄得林园一片狼藉，肮脏不堪。

管家曾让人在林园四周围上篱笆，并竖起"私人林园禁止入内"的木牌，但均无济于事，林园依然不断遭践踏、破坏。于是，管家只得向主人请示。

迪梅普莱听了管家的汇报后，让管家做一些大牌子立在各个路口，上面醒目地写明：

如果在林中被毒蛇咬伤，最近的医院距此15公里，驾车约半小时即可到达。

从此，再也没有人闯入她的林园。

[书外人语] 有时成败只在于一个观念的转变。

细节与结论

|刘 深

有位医学院的教授，在上课的第一天对他的学生说:“当医生，最要紧的就是胆大心细!”说完，便将一只手指伸进桌上的一杯尿液里，再把手指放进自己的嘴中，接着又将那杯尿液递给学生。看着每个学生都忍着呕吐，照样把探入尿杯的手指塞进嘴里，教授笑嘻嘻地说:“不错，你们每个人都够胆大，只可惜不够心细，没有注意我探入尿杯的是食指，放进嘴里的却是中指啊!”

有位法学院的教授，上课时说了一个故事：有三只猎狗追一只土拨鼠，土拨鼠钻进一个树洞，居然从树洞的另一边跑出一只兔子，兔子飞快地向前奔跑，并跳上另一棵大树，却在树枝上没站稳，掉了下来，砸晕了正仰头观望的猎狗，兔子终于逃脱。故事说完，许多学生提出他们的疑问：兔子怎么会爬树呢?一只兔子怎么可能同时砸晕三条猎狗呢?“这些问题都不错，显示了故事的不合理性。”教授说,“可是更重要的事情，你们却没问——土拨鼠到哪里去了?”

有位教美术史的教授，在谈到国画家使用的颜料时说:“将贝壳烧烤之后，磨成细粉，再以胶调和，可以做成白色的颜料。”接着，教授便举行考试，其中有一个是非题：如果你在海边捡到了贝壳，带回家放起烤箱，以500度烤上30分钟，再拿出来磨成粉，以胶水调和，可以做成黑色颜料。结果大部分学生都没有看完这个题目，便十分自信地答“是”。

[书外人语] 注意结论，而忽略细节；或专注细节而忽视结论——这是人们应该谨慎避免的。

成功的法则

马国福

一个农场主在巡视谷仓时不慎将一只名贵的金表遗失在谷仓里，他遍寻不获，便在农场门口贴了一张告示，要人们帮忙，悬赏100美元。

人们面对重赏的诱惑，无不卖力地四处翻找，无奈谷仓内谷粒成山，还有成捆成捆的稻草，要想在其中找寻一块金表如同大海捞针。

人们忙到太阳下山仍没有找到金表，他们不是抱怨金表太小，就是抱怨谷仓太大、稻草太多，他们一个个放弃了100美元的诱惑。只有一个穿破衣的小孩在众人离开之后仍不死心，努力寻找，他已整整一天没吃饭，希望在天黑之前找到金表，解决一家人的吃饭问题。

天越来越黑，小孩在谷仓内坚持寻找，突然他发现一切喧闹静下来后有一个奇特的声音“滴答、滴答”不停地响着。小孩顿时停止寻找。谷仓内更加安静，滴答声响十分清晰。小孩循声找到了金表，最终得到了100美元。

成功的法则其实很简单，而成功者之所以稀有，是因大多数人认为这些法则太简单了，没有坚持，不屑于去做。这个法则叫执著。成功如同谷仓内的金表，早已存在于我们周围，散布于人生的每个角落，只要执著地去寻找，专注而冷静地思考，我们就会听到那清晰的滴答声。

［书外人语］保持宁静的心灵，坚持到最后，才能找出那诱人的“金表”。

倒过来试试

董保纲

有一个青年画家，画出来的画总是很难卖出去。他看到大画家阿道夫·门采尔的画很受欢迎，便登门求教。

他问门采尔:“我画一幅画往往只用一天不到的时间，可为什么卖掉它却要等上整整一年?”

门采尔沉思了一下，对他说:“请倒过来试试。”

青年人不解地问:“倒过来?”

门采尔说:“对，倒过来! 要是你花一年的工夫去画，那么，只要一天工夫就能卖掉它。”

“一年才画一幅，这有多慢啊!”年轻人惊讶地叫出声来。

门采尔严肃地说:“对! 创作是艰巨的劳动，没有捷径可走的，试试吧，年轻人!”

青年画家接受了门采尔的忠告，回去以后，苦练基本功，深入搜集素材，周密构思，用了近一年的工夫画了一幅画，果然，它不到一天就卖掉了。

[书外人语] “请倒过来试试。”当付出与得到不如预想的那么好时，我们是否也应该听听门采尔的忠告?

吸烟时可以想上帝

|李 韬

在问起对人生观的看法时，大画家黄永玉引用了表叔沈从文对自己的教导：一是摔倒了赶快爬起来，不要欣赏你砸的那个坑；二是充满了爱去对待一切；三是死死抱住自己的业务，不要放松。如此三点对后辈亦大有裨益。

黄永玉一手写妙文章，一手画佳山水，这岂不是"鱼和熊掌"兼得了?说到这儿，黄永玉给大家讲了个故事：甲乙二信徒都酷爱吸烟，甲问神父:"我祈祷时可以吸烟吗?"神父说:"那怎么行!"乙问神父:"我走路时想上帝，吃饭时想上帝，吸烟时想上帝，可不可以?"神父说:"当然可以。"黄永玉就和那个乙信徒一样，衔着烟斗向我们走来了……

［书外人语］许多大人物的经验之谈，看似平淡无奇，实则读懂了后则可受益终生。

求职策略

有一位留学美国的计算机博士，毕业后在美国找工作，结果接连碰壁，许多家公司都将这位博士拒之门外。这样高的学历，这样吃香的专业，为什么找不到一份工作呢?

万般无奈之下，这位博士决定换一种方法试试。

他收起了所有的学位证明，以一种最低身份再去求职。不久他就被一家电脑公司录用，做一名最基层的程序录入员。这是一份稍有学历的人都不愿去干的工作，而这位博士却干得兢兢业业，一丝不苟。没过多久，上司就发现了他的出众才华：他居然能看出程序中的错误，这绝非一般录入人员所能比的。这时他亮出了自己的学士证书，老板于是给他调换了一个与本科毕业生对口的工作。过了一段时间，老板发现他在新的岗位上游刃有余，还能提出不少有价值的建议，这比一般大学生高明，这时他才亮出自己的硕士身份，老板又提升了他。

有了前两次的经验，老板也比较注意观察他，发现他还是比硕士有水平，对专业知识的广度与深度都非常人可比，就再次找他谈话。这时他才拿出博士学位证明，并叙述了自己这样做的原因。此时老板才恍然大悟，毫不犹豫地重用了他，因为对他的学识、能力及敬业精神早已全面了解了。

［书外人语］这个博士是聪明的，碰了几次钉子后，他放下身份与架子，甚至让别人看低自己，然后在实际工作中一次次地展现自己的才华，让别人一次一次地对自己刮目相看，他的形象就逐渐高大起来。许多年轻人初入社会时，往往把自己的一堆头衔、底牌全部亮出来，夸耀自己，结果或者让别人反感难以与人合作，或者招来很高的期望值而让人失望，稍有失误便不好翻身。

面　　试

|小 强

面试主管：你对电脑懂多少?

应征者：懂一点，我戴过电子表，玩过任天堂，房间有一台电视……还有，我看过同学用Dos开机，两次……

面试主管：下一位!（第二位应征者进入）

面试主管：你对电脑懂多少?

应征者：嗯，那要看是哪一种电脑了。

一般的超次掌上型的单晶片时脉输出电脑（电子表）比较简单，我小学时候常常使用它的解译编码作业流程（闹铃功能）。

至于多功能虚拟实境模拟器（任天堂）就复杂得多，不过我曾经完整测试过许多静态资料储存单元（只玩卡带破关）。

长大后我对于复频道超高频无线多媒体接收仪器（电视）开始产生兴趣，每天晚上都会追踪特定频道的资料（指八点档电视节目）。

至于传统的电脑，我手下的一位工作伙伴（同学）经常在我的监控之下进行主储存的单晶体与磁化资料存取之间的信号交换（指Dos开机）……

面试主管：明天开始上班。你的配车在地下二楼，附车位，这是钥匙……

［书外人语］解决问题通常要把复杂问题简单化，吓唬人时才把简单问题复杂化，用高深名词包装简单常识，很多所谓专家就是这样蒙老百姓的。

只贷一美元的犹太富豪

一位犹太富豪进一家银行，来到贷款部前，大模大样地坐了下来。

“请问先生，您有什么事情需要我们效劳吗？”贷款部经理一边小心地询问，一边打量来人的穿着：名贵的西服，高档的皮鞋，昂贵的手表，还有镶宝石的领带夹子……

“我想借点钱。”

“完全可以，您想借多少呢？”

“1美元。”

“只借1美元？”贷款部的经理惊愕了。

“我只需要1美元。可以吗？”

“当然，只要有担保，借多少，我们都可以照办。”

“好吧。”犹太人从豪华的皮包里取出一大堆股票、国债、债券等放在桌上：“这些做担保可以吗？”

经理清点了一下，“先生，总共50万美元，做担保足够了，不过先生，您真的只借1美元吗？”

“是的。”犹太商人面无表情地说。

“好吧，到那边办手续吧，年息为6%，只要您付出6%的利息，一年后归还，我们就把这些股票和作保的证券还给您……”

“谢谢……”犹太富豪办完手续，便准备离去。

一直在一边冷眼旁观的银行行长怎么也弄不明白，一个拥有50万美元的人，怎么会跑到银行来借1美元呢？

他从后面追了上去，有些窘迫地说：“对不起，先生，可以问您一个问题吗？”

“你想问什么？”

“我是这家银行的行长，我实在弄不懂，你拥有50万美元的家当，为什么只借1美元呢?要是您想借40万美元的话，我们也会很乐意为您服务的……”

“既然你如此热情，我不妨把实情告诉你。我到这儿来，是想办一件事情，可是随身携带的这些票券很碍事，我问过几家金库，要租他们的保险箱，租金都很昂贵，我知道贵行的保安很好，所以嘛，就将这些东西以担保的形式寄存在贵行了，由你替我保管，我还有什么不放心呢!况且利息很便宜，存一年才不过6美分……”

［书外人语］也许没有人会带50万的家当出来办事，也许这个故事是编出来的，但我们不能不佩服这个犹太人的应变能力，他可以把一切为我所用。

金　表

这是一个真实的故事。

两年前，在我国东北某市，发生了一起盗窃案：某高档商场被盗，其中有8块金表，每块价值8万余元。

就在案子尚未侦破时，外地的一位商人到此地进货，随身携带了近10万元巨款。早晨下飞机住到酒店后，他先去办理了贵重物品保存手续，将钱存进了酒店的保险柜中，此后，稍事休整，他出门去吃早点。

早点的摊上，他听旁边的人在谈盗窃案，说被偷了几块金表，案子尚未侦破等等。吃完饭出去办事，不时听到身边有人在说起金表，但他也没当回事。

中午吃饭时，邻桌又有人在说金表的事，说是听说某人用4万块钱买了两块，倒手就卖了7万，还说要是这事碰到自己身上，该有多好。商人听了不禁一乐：哪会有这么好的事。

等到吃晚饭时，金表的话题又在耳边响起，众说纷纭，不一而是。当他吃完饭一人回到酒店后，就有人神秘地打来电话，说知道他是外地到此做大买卖的有钱人，愿不愿意买两块金表带走，本地不好脱手等等，并说表的质量可以到附近的珠宝店检测。

商人终于动了心，这比自己这趟正经生意赚得还要多啊！于是他答应面谈，最终以9万元买下了据说是被盗8块金表中的3块。

第二天他觉得事情有些不对，再拿出金表请人检验，价值也就三千余元。

当骗子们落网后，商人才知道，从他一到酒店存钱，骗子们就注意上了他，然后这一整天他听到的所有关于金表的话题，都是专门说给他一人听的。两个骗子先后雇佣了十余人来对付他，直到他掏钱买表为止，如果第一天没有奏效，第二天还有安排好的节目。

[书外人语] 笔者出门有几条原则，一则不看热闹，谨防自己全神贯注看热闹时成为小偷照顾的对象；二则不要想着占便宜发意外之财，能把自己包里的钱看好就不错了，还想占人家便宜，哪个不比自己聪明？

用上所有的力量

|杨会军 译

星期六上午，一个小男孩在他的玩具沙箱里玩耍。沙箱里有他的一些玩具小汽车、敞篷货车、塑料水桶和一把亮闪闪的塑料铲子。在松软的沙堆上修筑公路和隧道时，他在沙箱的中部发现一块巨大的岩石。

小家伙开始挖掘岩石周围的沙子，企图把它从泥沙中弄出去。他是个很小的小男孩，而岩石却相当巨大。手脚并用，似乎没有费太大的力气，岩石便被他连推带滚地弄到了沙箱的边缘。不过，这时他才发现，他无法把岩石向上滚动、翻过沙箱边墙。

小男孩下定决心，手推、肩挤、左摇右晃，一次又一次地向岩石发起冲击，可是，每当他刚刚觉得取得了一些进展的时候，岩石便滑脱了，重新掉进沙箱。

小男孩气得哼哼直叫，拼出吃奶的力气猛推猛挤。但是，他得到的唯一回报便是岩石再次滚落回来，砸伤了他的手指。

最后，他伤心地哭了起来。这整个过程，男孩的父亲从起居室的窗户里看得一清二楚。当泪珠滚过孩子的脸庞时，父亲来到了跟前。

父亲的话温和而坚定:“儿子，你为什么不用上所有的力量呢?”

垂头丧气的小男孩抽泣道:“但是我已经用尽全力了，爸爸，我已经尽力了! 我用尽了我所有的力量!”

“不对，儿子，”父亲亲切地纠正道,“你并没有用尽你所有的力量。你没有请求我的帮助。”

父亲弯下腰，抱起岩石，将岩石搬出了沙箱。

[书外人语] 人互有短长，你解决不了的问题，对你的朋友或亲人而言或许就是轻而易举的，记住，他们也是你的资源和力量。

选　择

有一个古老的难题在传说：当你的母亲、妻子、孩子都掉进水中时，你先去救谁。

不同的人给出不同答案，众说纷纭。哲学家们就不同的答案给出深入的分析，说明不同的人思想、灵魂、文化深处的重大差异。

这一次，一位农民给出了他的答案。他的村庄被洪水冲没，他从水中救出了他的妻子，而孩子和母亲都被冲跑了。

事后，大家七嘴八舌，有的说救对了，有的说救错了。

哲学家问农民当时怎么想的。农民说:“我什么也没想。洪水来的时候，妻子正在我身边，我抓住她就往高处游。当我返回时，母亲和孩子都被冲跑了。”

[书外人语] 不要给有些选择赋予太多的牵强意义，很多时候，选择的理由只是本能，只是一种自然的最可能成功的反应。

营　销

巴黎的圣马丁大教堂附近，每日游客如织，一个盲人在此乞讨，他的面前摆着一张纸条，上面写着:“我一出生就瞎了眼睛”的字样，纸条上边摆着个破帽子，但并没有多少人给他钱。

一天，一位美国游客到此游玩，见此情景就和他的法国朋友打赌，说他有办法让那乞丐的帽子中盛满钱。法国朋友自然乐于打赌，然后这位从事销售工作的美国游客就走上前去，把乞丐的纸条翻过来，在上边重新写了几句话。

说来真怪，自从新句子摆出来后，不一会儿帽子中就装满了钱。

纸条上是这样写的：

“春天来了，各位到此欣赏美景，一定很快乐。而我却什么也看不见，因为我一出生就失去了光明。”

[书外人语] 这位美国人写的这些话，使盲人与游客之间有了一种联系和交流。推己及人，最易引发人的同情心。

雕　　塑

一位雕刻家正在全神贯注地工作，他用手中的刻刀一刀一刀地琢磨一块尚未成型的大理石，一个小男孩好奇地在一旁看着他。

不一会儿，雕像逐渐成形：头部、肩膀、手臂、身躯，接着头发、眼睛、鼻子、嘴巴……，一个美丽的女人出现在面前。

小男孩万分惊讶地问雕刻家：“你怎么知道她藏在里边的呢？”

雕刻家哈哈大笑，他告诉孩子：“石头里原本什么也没有，只不过是我把我心中的女人用刻刀给搬到这里来了。”

[书外人语] 故事中的小男孩自然是天真无邪，他不懂得雕刻艺术。可现实中许多大人也会有着与小男孩一样的思维：他们也以为成功的果实就摆在那里，让一些人偶然发现而已，而忘却了要成功，一则心中要有完整的“美人”，二则要用手中的“刀”一下一下地去雕刻。

激情活力

玫琳凯是美国著名的女企业家，她以5000美元起家，用30年的时间，创建了一个年营业额达20亿美元的化妆品帝国。玫琳凯在管理公司时，非常注意激发部下的热情活力，让他们充满激情地投入到工作中去。她说，之所以这样是因为有一个故事给了她莫大的启发。

有一次，玫琳凯邀请了一位著名人士给公司员工作演讲。但是他的班机晚了点，因而在他到达之前，作为主持人的玫琳凯不得不安排其他节目，并亲自上台演讲，直到得到暗示说他已经到达后台。

当玫琳凯在台上介绍这位先生时，却发现他在后台捶打着自己的胸膛，不断地跳上跳下，看上去就像一只大猩猩！玫琳凯心中忐忑不安：我的天！我正在这里说这些赞美之词，而他却如此“发作”。

当这位先生上台演讲时，他神采飞扬，充满激情，演讲极其精彩，效果出乎意料地好。事后，玫琳凯问他：“你几乎把我吓了个半死。你为什么要在后台那样捶胸顿足，而且上蹿下跳？”

“玫琳凯，”他说，“我的工作就是激励别人，但有些时候我自己却很糟糕。比如今天，飞机误点搞得我心绪烦躁，又很疲惫。但我知道你们正期待着一位有激情、有活力又满怀热忱的演讲者，尤其是当看到观众席上那些充满希望的面孔时，我更觉得我不能向你们诉苦，我必须做出一副很有活力的样子。而我发现，只要做一些练习和捶自己胸膛就可以让自己热血沸腾，我的感觉也就好多了。”

［书外人语］用一些简单易行的方法使自己每天保持着激情活力，这样不但使别人喜欢与你相处，而且也有助于提高自己的工作效率。

距 离

[美]雷因

25岁的时候，我因失业而挨饿，以前在君士坦丁堡、在巴黎、在罗马，都尝过贫穷和挨饿的滋味。然而，在这个纽约城，处处充溢着豪华气息，尤其使我觉得失业的可悲。

我不知道有什么办法能改变这种局面，因为我胜任的工作非常有限。我能写文章，但不会用英文写作。白天就在马路上东奔西走，目的倒不是为了锻炼身体，因为这是躲避房东讨债的最好办法。

一天，我在42号街碰见一位金发碧眼的大高个儿，立刻认出他是俄国的名歌唱家夏里宾先生。记得我小时候，常常在莫斯科帝国剧院的门口，排在观众的行列中间，等待好久之后，方能购得一张票子，去欣赏这位先生的艺术。后来我在巴黎当新闻记者，曾经去访问过他。我以为他当时是不会认识我的，然而他却还记得我的名字。

“很忙吗？”他问我。

我含糊回答了他，我想他已一眼看出了我的境遇。

“我住的旅馆在第103号街，百老汇那边，跟我一同走过去，好不好？”他问我。

走过去？其时是中午，我已走了5个小时的马路了。

“但是，夏里宾先生，还要走60个街口，路不近呢。”

“胡说，”他笑着说，“只有5个街口。”

“5个街口？”我觉得很诧异。

“是的，”他说，“但我不是说到我的旅馆，而是到第6号街的一家射击游艺场。”

这有些答非所问，但我却顺从地跟着他走。一下子就到了射击游艺场的门口，看到两名水兵好几次都打不中目标。然后我们继续前进。

"现在，"夏里宾说，"只有11个街口了。"

我摇了摇头。

不多一会，走到卡纳奇大戏院。夏里宾说，他要看看那些购买月戏票子的观众究竟是什么样子，几分钟之后，我们重又前进。

"现在，"夏里宾愉快他说，"咱们离中央公园的动物园只有5个街口了，动物园里有一只猩猩，它的脸很像我所认识的唱次中音的朋友。我们去看看那只猩猩。"

又走了12个街口，已经来到百老汇，我们在一家小吃店面前停了下来。橱窗里放着一坛咸萝卜。夏里宾奉医生的医嘱不能吃咸菜，因此他只好隔窗望了望。

"这东西不坏呢。"他说，"它使我想起了我的青年时期。"

我走了许多路，原该筋疲力尽的了。可是奇怪得很，今天反而比往常好些。这样忽断忽续地走着，走到夏里宾住的旅馆的时候，他满意地笑着：

"并不太远吧？现在让我们来吃中饭。"

在那满意的午餐之前，夏里宾向我解释为什么要我走这许多路的理由。

"今天的走路，你可以常常记在心里。"这位大音乐家庄严地说，"这是生活艺术的一个教训：你与你的目标之间无论有怎样遥远的距离，都不要担心。把你的精神常常集中在5个街口的短短距离，别让那遥远的未来使你烦闷异常。常常注意于未来24小时内使你觉得有趣的小玩意儿。"

屈指到今，已经19年了，夏里宾也已长辞人世。我们共同走过马路的那一天永远值得我纪念。因为尽管那些马路如今大都已经变了样子，可是夏里宾的实用哲学，有好多次都解决了我的难题。

[书外人语] 这也是个分段实现大目标的故事。实际上的距离并没有缩短，但是心理上却减轻了压力与不安，让人容易坚持走下去。

死前要做的五十件事

[美]温迪·威廉姆斯

几周前，我跟着一位朋友走进一家艺术用品商店。我发现他要了水彩颜料。这令我很纳闷，因为他不是画家。

“我报名参加了一个水彩画学习班，下周就开课了。”他腼腆地说，“我真是没有时间，但它是我所列的死前要做的50件事之一，所以我得去做。”

这听起来很有趣。“其他还有什么?”我问。

“什么都有。”他说，“每过几个月我都看看那张单子，来决定下一步该集中精力干什么。列单子之前，我总是为生活中损失的一切而伤感。现在我开始埋头实干了。”

“什么时候能让我看看你的单子?”我问。

“恐怕很难，”他说，“那会泄露关于我的很多东西。列出你自己的单子，你就会明白的。”

于是当晚我就列了一张单子，囊括了所有与我至关重要的内容，也流露出了自己对实现这些美梦的绝望。

仅仅列出这张单子就帮我理清了轻重缓急，我很快填出了前20件，但随后就开始细心斟酌了。最后我加上了向往多年的项目，年轻时就背负的梦想，以及初闻就在我心中产生共鸣的事情。

首先，我想到更多更远的地方去旅行。尤其是现在，孩子们都已长大，我想与孩子们完成10次旅行。

我吃惊地发现单子上有些事情需要马上去做。例如，如果我想学开压路机，就得在50岁之前开始。

当然，有些项目可以推迟到上了年纪时去干。我醉心于花草园艺，但现在抚养孩子、业务缠身的我难有闲暇来侍弄玫瑰。

某一天我想致力于一家医院婴儿室的志愿者工作。我还愿与青年们

共事，指导年轻人，或去本地的高中服务，看来我也许需要考虑为一年一度的学校义卖会而学会做烧烤。

有些项目令人生畏，因为它们意味着某种兢兢业业的投入。我想在世时出版一部小说，想攻读哲学博士。还想学绘画，并想用钢琴弹出四重奏。如果我打算实现这些目标，就得勤于笔耕并手不离琴。

单子上的愿望我并不可能一一实现。有些事情非我能力所及，例如新西兰之行，以及最终也不会在我余生中成真的事情，比如拥有一匹良驹。然而，我发现我已经为许多这样的妄想构筑了框架，而且如果我今天把它们定为目标，那么明天设法使部分“成真”也并非毫无可能。

像我的朋友那样，现在我有了发泄不满的替代物。当我对生活感到厌倦时，就拿出那张单子。我也许会去取旅游小册子，或者在后院拿出画笔涂抹上一个小时，尽量把树林画得像模像样。

我不知道孩子们和我怎样才能去非洲。但如果它确实重要，我肯定会找出一个方案。他们中的一个也许长大后当了一名动物学家；或者我也许成为一名生态作家：因公被派往那儿；或者我们也许只需每星期都攒上几美元，直到够用为止。

我的一位表姐曾把一大串趣事变为现实，她曾对我说，关键在于筹备，这样生活就会神奇地运转。“如果你想让你的轮船开进来，就必须建一个码头。”她说。

多亏那张单子，我正在动工修建码头呢。

［书外人语］人生以70年寿命来计算，除去少不更事和老不方便的10年，也不过2万余天，再除去睡眠的1/4—1/3时间，剩下的时间真可说寸阴寸金，所以还是把那些有意义的事赶紧列出来吧。

美女调查报告

男人是否愿意娶美女为妻?美国一家专门从事婚姻调查的机构曾发布这样一份调查报告：娶漂亮女人为妻的男人比其他男人的寿命短12岁。

91%的男人认为娶美貌的女人做妻子是件冒险的事情；7%的男人认为容貌只是女人的生命代码，与做妻子没有太大的关系；81%的男人希望妻子漂亮可爱，但不一定百里挑一；3%的男人把娶一个美艳超群的妻子做为一生的追求。

男人是否喜欢与漂亮女人共事?

64%的男人坦言喜欢，因为漂亮女人如一道风景线——“养眼”；23%的男人认为，同事之间，人品、个性、能力远比美貌重要；11%的男人承认不喜欢，原因在于，美女肤浅、娇气、张扬、虚荣，只能远距离欣赏，难以共事。

美貌是女性顺利获取职业的通行证吗?

82%的人认为是，而且事实上96%的私营企业第一选择美女从事广告、公关等工作；

16%的人认为不一定。但是，与丑女或相貌平平者相比，貌美者至少多了一种可能或一次机会；2%的人持反对意见。

美貌是女性获取成功的捷径吗?

61%的人认为是，比如做模特或参加选美大赛，公众只须认可了你的美貌，便可扶摇直上、财源滚滚；23%的人认为美貌是女人成功路上的“绊脚石”，美女绝大多数是“绣花枕头”，获取职业容易，获取成功简直难于上青天；7%的人认为，美貌与成功无直接的关联。

美女的生活幸福吗?

对自身婚姻较为满意者为13%，低于平均数23个百分点；离婚率34%，高出平均数20个百分点；28岁以后结婚者为88%；

各娱乐场所的小姐中88%相貌较出众；成为有钱人太太或情人者81%为美女。

[书外人语] 娶个漂亮太太实在是件冒险的事，不仅要满足她追求时尚的胃口，还要注意那些虎视眈眈的男人们，寿命长得了吗?女人生得漂亮，就很容易躺在漂亮上吃饭，而忽略了别的，也挺危险的。

风驰电掣的感觉

莫小米

一行人去玩赛车。都是头一次玩，除了兴奋，还不免惴惴。玩赛车就是玩速度。胆大的，几圈过后，就“飞”起来了；胆小的，任别人一再超过他，也不紧不慢。

回来的路上，一行人仍谈论着赛车。有一位说：啊，今天终于有了风驰电掣的感觉。有一位说：我怎么老觉得不够快。

众人一听都笑。原来说“不够快”的，乃是一行人中速度最快者；而有了“风驰电掣的感觉”的，恰是其中最慢的那一位。

初听好笑，细想极对，一个因感觉“不够快”，才会越开越快；一个已感觉到“风驰电掣”了，当然不会再加速了。

[书外人语] 感觉痛不欲生者其实并不是世界上最痛苦的人，感觉春风得意者事实上不一定是最成功的人。回首往事，心潮澎湃的那位可能经历平淡，而真正领略过惊心动魄的人，一切已归于平和。

第三辑

【生命感悟】

记住的和忘却的

|李雪峰

阿拉伯名作家阿里，有一次和吉伯、马沙两位朋友一起旅行。三人行经一处山谷时，马沙失足滑落，幸而吉伯拼命拉他，才将他救起。马沙于是在附近的大石头上刻下了："某年某月某日，吉伯救了马沙一命。"三人继续走了几天，来到一处河边，吉伯跟马沙为了一件小事吵起来，吉伯一气之下打了马沙一耳光。马沙跑到沙滩上写下："某年某月某日，吉伯打了马沙一耳光。"

当他们旅游回来之后，阿里好奇地问马沙为什么要把吉伯救他的事刻在石上，将吉伯打他的事写在沙上？马沙回答："我永远都感激吉伯救我。至于他打我的事，我会随着沙滩上字迹的消失，而忘得一干二净。"

[书外人语] 记住别人对我们的恩惠，洗去我们对别人的怨恨，在人生的旅程中才能自由翱翔。

送　　行

三个男人提着行李气喘吁吁地赶到火车站时，火车正鸣着长笛向外缓缓驶出，于是三个人急忙沿着站台追赶火车。其中两个人身强力壮，终于在千钧一发之际，跳上了最后一节车厢，最后一个人只好无奈地看着火车远去。

突然之间，没赶上火车的男人在站台上忍不住疯狂大笑起来。

检票员不解地问他:“你怎么啦，没赶上火车，还哈哈大笑?”

那人上气不接下气地答道:“他们，他们是来送我的。”

［书外人语］什么时候都不要忘记自己是干什么的。

人与人

电影明星洛依德将车开到检修站，一个女工接待他。她熟练灵巧的双手和俊美的容貌一下子吸引了他。

整个巴黎全知道他，但这位姑娘却丝毫不表示惊异和兴奋。

“您喜欢看电影吗?”他禁不住问道。

“当然喜欢，我是个影迷。”

她手脚麻利，很快修好了车:“您可以开走了，先生。”

他却依依不舍:“小姐，您可以陪我去兜兜风吗?”

“不！我还有工作。”

“这同样也是您的工作，您修的车，最好亲自检查一下。”

“好吧，是您开还是我开?”

“当然我开，是我邀请您的嘛。”

车行驶得很好。姑娘问道:

“看来没有什么问题，请让我下车好吗?”

“怎么，您不想再陪一陪我了？我再问您一遍，您喜欢看电影吗?”

“我回答过了，喜欢，而且是个影迷。”

“您不认识我?”

“怎么不认识，您一来我就认出您是当代影帝阿列克斯·洛依德。”

“既然如此，您为何这样冷淡？”

“不！您错了，我没有冷淡。只是没有像别的女孩子那样狂热。您有您的成就，我有我的工作。您来修车是我的顾客，如果您不再是明星了，再来修车。我也会一样地接待您。人与人之间不应该是这样吗？”

他沉默了。在这个普通女工面前他感到自己的浅薄与虚妄。

“小姐，谢谢！您使我意识到应该认真反省一下自己的价值。好，现在让我送您回去。”

[书外人语] 大人物之所以高大，是因为你自己跪着；你仰慕他们头上的光环，却忽略了自己的生活与价值。

爱情值多少钱

根据经济专家一项新的调查报告，稳定的爱情关系所能带来的幸福感一年约值6万英镑，合9.6万美元。

这项研究调查了从20世纪70年代初到90年代后期10万名美国和英国成年人的生活，并估量诸如失业与婚姻等事件的价值。

这项调查说，年轻、收入良好、受过大学教育的白人女性，享有稳定的婚姻关系，以及父母不曾离异者是自我感觉最幸福的人。依照这个说法，美好的婚姻或同居关系所带来的幸福感相当于一年多赚了6万英镑的感觉。

一般人的幸福感是随年龄而呈U字形状态：在年轻和老年阶段最感到幸福，而40岁时则是谷底，最易感到悲惨难耐。分居和寡居的人生活最不愉快，紧接着是失业和离婚的人。

［书外人语］把爱情换算成通俗的金钱，也许有些人才会明白它的价值。

出生入死时

|安 敏

我有一个刑警朋友，叫柳奇志，是刑警队的头。那一天我正在队里采访，突然紧急通知，有重大案情出现，且案犯携有枪支，命令全队迅速出动。

于是紧急部署，于是几件防弹衣摆了出来。数了数，是五件，可这集合的队伍不下十几人。柳没有吱声，不经意地拿起一件穿上了。旁边的几个刑警也争先穿上了。

我的心里，有一种说不出的滋味。

这次任务完成得十分漂亮，柳一马当先，后来立了功。据说申报的是一等功，但上面批的是二等，理由是没有流血。见面时我笑话他怎么不受点伤，他一听乐了，“你呀，出生入死还去想着立功啦，生命都已经置之度外了！”我突然想捉弄他一回，说：“你如果不抢一件防弹衣穿上，也许就能混上一等功了！”

他先是一愣，继而苦笑说：“我们队上一共只有五件防弹衣，碰上有危险的行动，去的人多，大伙就不够穿。这时，我们谁都会抢先穿上一件。你知道吗？我们队有一条不成文的规矩，你穿上了防弹衣，你就必须冲在最前面，你就要先面对死亡！”

他说得很平静，我的心里却一瞬间翻江倒海！我从这防弹衣上，看到了警察们血的颜色，血的速度；我为自己的“小人之心”，痛苦着灵魂的猥琐与卑微。“每次抗洪抢险，一有时间我都看电视，都很感动，洪水滔滔，解放军只想着往下跳，可也许一跳下去，一辈子就结束了。你说，这个时候，有谁会想到去立功吗？因此，每次面对防弹衣时，我就会对我的战友们肃然起敬。”柳又说。

肃然起敬的应该是我们！

［书外人语］勇士们用生命去换取的，绝不是荣誉或金钱，而是职业与做人的尊严。

其实你也有问题

|吴淡如

有一则小故事是这样的：

有个太太多年来不断指责对面太太很懒惰，“那个女人的衣服，永远洗不干净，看，她晾在院子里的衣服，总是有斑点，我真的不知道，她怎么连洗衣服都洗成那个样子……”

直到有一天，有个明察秋毫的朋友到她家，才发现不是对面的太太衣服洗不干净。细心的朋友拿了一块抹布，把这个太太的窗户上的灰渍抹掉，说：“看，这不就干净了吗？”

原来是自己家的窗户脏了。

每一个人都曾经遇过不少愤世嫉俗的人，或者，你也有过一些看什么都不顺眼，永远觉得命运对自己比较坏的朋友，但在倾听他们的怨言之后，总会发现有句老话说得很妙：可怜之人，必有可恨之处。

看到外面的问题，总比看到自己内在的问题容易些；而把错怪给别人，也比检讨自己来得容易(检讨自己和责怪自己，又是两回事了)，于是，愤世嫉俗的人常从年轻愤怒到老，遇上有人过得好，都想咬他一口，斜视久了的眼睛看什么都不顺眼。

[书外人语] 当你背向太阳的时候，你会只看到自己的阴影，连别人看你，也只会看见你脸上阴黑一片。只拿愤世嫉俗来替代反省自己，对自己的成长是一种最大的耽误。

人生幸福三诀

曹 放

“唉，活得太累了!”现今谁没有这样深深的疲惫?

然而，在京城，有位88岁高龄的老太太却轻松悠闲地微笑着，用那略带合肥口音的普通话告诉我们，做一个好人其实很容易，拥有一个幸福的人生其实也很简单，“第一是不要拿自己的错误惩罚自己，第二是不要拿自己的错误惩罚别人，第三是不要拿别人的错误惩罚自己。”她笑笑，晃了晃扳起的三根手指，满脸都是返老还童的纯真和曾经沧海的从容，“有这么三条，人生就不会太累了……”多么朴素的心语啊!

道出这“人生幸福三诀”的老太太，名叫张允和。她可是位有来历的知识女性！她的夫君是著名语言学家周有光，有人说:“周有光的平和宁静与广阔深邃，会让人不由自主地联想到无边无际的大海。”她的妹夫是由她玉成美满婚姻的大文豪沈从文。对于沈从文，史家更有斩钉截铁的定评:“无瑕人品清于玉，不俗文章胜似仙!”而张允和本人，也曾颠沛流离，也曾死里逃生，是人生的苦难与艰辛使她大彻大悟，道出了这“人生幸福三诀”。

“不要拿自己的错误惩罚自己”，扪心自问一下，人能有多少烦恼，是自己同自己过不去哟！人非圣贤，谁能无过？如果一有过错，就终日沉陷在无尽的自责、哀怨、痛悔之中。那么，其人生的境况就会像泰戈尔所说的那样：不仅失去了正午的太阳，而且将失去夜晚的群星。

“不要拿自己的错误惩罚别人”，这样浅显的道理谁都明了，但知易行难。人们都会为自己的过错而痛悔，但不少人痛悔归痛悔，受伤的虚荣心却还要疯狂地寻找能够掩饰伤口的更大虚荣，于是，他就情不自禁地要去惩罚别人；而那些无辜地受到惩罚的“替罪羊”，或迟或早势必都要奋起自卫。这样“拿自己的错误惩罚别人”，人生岂能不累？因此，“不要拿自己的错误惩罚别人”，并不是一种很容易达到的境界，它需要“胸藏万汇凭吞吐”的大器量。

“不要拿别人的错误惩罚自己”，许多人也许骄傲地说，这不是对我的写照。然而，我却以为：未必！如果不拿别人的错误惩罚自己，那怎么会不时生发出这样的一些邪念：他都敢见死不救，我又何必见义勇为；他都敢贪污受贿，我又何必清廉自守；他都敢男盗女娼，我又何必故作清高？芸芸众生们，谁也不要嘴硬，我们何尝不会这样拿别人的错误惩罚自己呀！

[书外人语] 这三条“秘诀”可说是人生的一种修养和境界。照此修炼即使达不到张允和那样圆融的境界，至少也可让我们活得轻松些。

选　　择

|雨湘 译

杰瑞是个不同寻常的人。他的心情总是很好，而且对事物总是有正面的看法。

当有人问他近况如何时，他会答:“我快乐无比。”

他是个饭店经理，却是个独特的经理。因为他换过几个饭店，而有几个饭店侍应生都跟着他跳槽。他天生就是个鼓舞者。

如果哪个雇员心情不好，杰瑞就会告诉他怎么去看事物的正面。

这样的生活态度实在让我好奇，终于有一天我对杰瑞说，这很难办到！一个人不可能总是看事情的光明面。“你是怎么做到的?”我问道。

杰瑞答道:“每天早上我一醒来就对自己说，杰瑞，你今天有两种选择，你可以选择心情愉快，也可以选择心情不好。我选择心情愉快。

“每次有坏事发生时，我可以选择成为一个受害者，也可以选择从中学些东西。我选择从中学习。

“每次有人跑到我面前诉苦或抱怨，我可以选择接受他们的抱怨，也可以选择指出事情的正面。我选择后者。”

“是！对！可是没有那么容易吧。”我立刻声明。“就是有那么容易。”杰瑞答道,“人生就是选择。当你把无聊的东西都剔除后，每一种处境就是面临一个选择。你选择如何去面对各种处境。你选择别人的态度如何影响你的情绪。你选择心情舒畅还是糟糕透顶。归根结底，你自己选择如何面对人生。”

我受到杰瑞一番肺腑之言的影响。

没有多久，我就离开了饭店去开创自己的事业，我们失去了联系，但我却经常想到他。

几年后，我听说杰瑞出事了：有一天早上，他忘记了关后门，被三

个持枪的强盗拦住了。强盗因为紧张而受了惊吓，对他开了枪。

幸运的是，杰瑞被发现较早，被送进了急诊室。经过18个小时的抢救和几个星期的精心照料，杰瑞出院了，只是仍有小部分弹片留在他的体内。

事情发生后6个月，我见到了杰瑞。我问他近况如何，他答道："我快乐无比。想不想看看我的伤疤？"

我趋身去看了他的伤疤，又问他当强盗来时，他想些什么？

"第一件在我脑海中浮现的事是，我应该关后门。"杰瑞答道，"当我躺在地上时，我对自己说有两个选择：一是死，一是活。我选择了活。"

"你不害怕吗？你有没有失去知觉？"我问道。

杰瑞继续说："医护人员都很好。他们不断告诉我，我会好的。但当他们把我推进急诊室后，我看到他们脸上的表情，从他们的眼中，我读到了'他是个死人'。我知道我需要采取一些行动了。"

"你采取了什么行动？"我赶紧问。

"有个身强力壮的护士大声问我问题，她问我有没有什么东西过敏时。我马上答，有的。这时，所有的医生、护士都停下来等着我说下去。我深深地吸了一口气，然后大声吼道：'子弹！'在一片大笑声中，我又说道：'我选择活下来，请把我当活人来医，而不是死人。'"

杰瑞活了下来，一方面要感谢医术高明的医生，另一方面得感谢他那惊人的生活态度。

[书外人语] 生活充满了选择，"快乐无比"的杰瑞总是积极地选择正面，我们有什么理由去选择反面呢？

貧女如花只鏡知
子愷畫

TK

人性翘翘板

| 潘国本

记得恢复高考那时候，我在一所中学任教导主任。有位家长要我给他的孩子开张去无锡读书的转学证明。他们老家在无锡，孩子的户籍也早在无锡，近年来爷爷奶奶感到孤单，生灾害病连个捎口信的都没有，很想让孙子回到身边做伴。我觉得家长的申请十分在理，立即给他们办了转学手续。孩子到了无锡，家长在中秋节里送来两盒精制月饼外加一袋茶叶。那时候，这份礼已不算薄了。我说:“都是熟人熟事的，办这点事不用道谢。”家长说:“爷爷奶奶见孙子过去了很高兴，也要我们表示感谢。”我说:“你们的情我全领了，礼物还是带回去吧!”家长说:“这算什么礼呀，不就是份心意吗?”他执意要送，我坚持不受，两人纠缠再三，最后还是没能执拗过我，他把礼品带了回去。

人是去了可心却未平。我没料到，过去我们两个见面时说长道短，挺热的，此后反而淡了，迎了面也只做个程序性对答。听人说，这次伤了他的心，他说:“没想到这么不给面子，知道我那双脚是怎样跨出门槛的?”

我们有时会这样尴尬，像坐上了翘翘板那样，只顾了把高的这头拼命压下去，却忘了低的那一头会翘起来。当时，我要是换个方式，收下他送的礼，再给老人寄封慰问信抑或捎点他的所需过去，情况一定会好得多。可是我没有那样做。当我还自觉站高一寸时，不防我们的心距已拉下了一丈。

原来，一个网络型社会，每个人都只占着一点，是那些纵纵横横的“联结”才构成了你我的缤纷生活。尤其在我们这个讲究礼仪的国度，你为一人出力尽心了，他过意不去总想寻个方式来表达一下。当他感到单用语言太苍白空泛，用行动又一时找不上途径的时候，便来了以物代

情的情况。有时是我们过敏了，并不是每次馈赠都张着血口等噬肉。

相隔不久的一个星期天，我正上楼，楼底婶子跑上来给我递上一大把菠菜，热情地笑着说："我兄弟自家种的，尝尝鲜吧！"那时菠菜刚刚上市，当然好，但想起平时未见过她这样大方，我警觉起来，于是脱口便说："你们也不多，留着自己吃吧。"那婶子再跨前一步把菜干脆递到我的手中："拿着吧，也不是什么稀罕东西嘛。"说着语调和脸色全变得不流畅起来。

正在这相持的时候，妻子来了，快步下楼代我接过婶子手里的菠菜，连声称道："多好的菜，嫩出水来，怎么种得这么早啊，多谢啦！"接下去两人都笑了起来，整个楼都笑了起来。

这一回，妻让楼下婶子充分展示了大方和爱心，也让我们家得上了时鲜菠菜。我呢，也上了一节生动的"公关"课，比书上写的那些要实在得多。

不要别人的东西本来是美德，但是，当"不要"沦为拒绝别人的情意时，便是位傻瓜了。你知道吗?有种馈赠，接受下来比不接受好得多，爽快地接受比推三阻四勉强地接受好得多。充满了情义的礼物是心的坦示，它不用金钱去衡量，也不用德性去规范，只能用心去体验，里面有尊重有理解还有真诚。

[书外人语] 人情往来，些许意思，是生活中的情义所在，把每个人都当成阶级敌人来防范，活得也太累了。

放慢生活的脚步

|詹 妮

当我和4岁的儿子走到街边准备过马路时，突然听到汽车轮胎刺耳的嘶叫声。一辆失去控制的轿车飞速向我们直冲过来，这时我们已来不及躲闪，所有这一切都发生在千分之一秒内。

轿车撞到了离我们只有几步之隔的人行道上。那辆红色轿车的影像永远都不会从我的记忆中抹去。其实当时我并不确知那辆车距离我们有多近，在最后的一刻我将身体背转了过去，但那辆车真的就停在了我们跟前。人们都停下车来询问我和儿子的情况。

“车没有撞到我们。”我从巨大的惊吓中醒过神来，连忙对周围关注的人们说道，好像他们看不到我与儿子毫发无伤一样。接着我蹲下身，将儿子紧紧地拥抱在怀中。

“妈妈，那辆车刚才差点儿朝我们开过来。”儿子声音清朗地说道，手里仍然握住那只上午在幼儿园用纸折成的小猫。他完全不了解一辆时速50公里，重达一吨的汽车冲过来时，会对他这个35斤重的小男孩造成怎样的伤害。他头脑中的观念显然并不属于这个现实且残酷的世界，动画片使他深信某个人身处危难时，一定会有神勇英雄从天而降，使人摆脱险境。

我走到那辆轿车前，里面坐着一位六十多岁的妇女，双手仍然握着方向盘。

“你还好吗？”我问她，言下之意是说：你差点撞死我和我儿子，你知道吗？“有一辆车在我面前突然转弯，让我的车失去了控制……”她开口说道。

那天的事发生之后，我在家中的院子里种了一百多株球茎花卉——蝴蝶花、藏红花和水仙花，它们在寒风料峭的早春就会奇迹般地绽放，

一位做园艺师的朋友把它们称做“与未来的契约”。

我告诉丈夫我爱他，并写了三封迟到的感谢短笺。我还思考了很多有关生活中的危险与匆忙之间的关联。

无疑那位差点撞死我们的老妇人当时行色匆忙，好像她是想要赶下一个路口的绿灯。而那位突然开车转弯的司机肯定也是在赶时间，才会冒险如此横冲直撞。

而我自己也并不是全无责任。由于每日忙碌的生活，我想节省下两分钟，就没有多走半条街到十字路口去过斑马线，而是想在中途横穿马路，结果却险些葬送我与儿子两条性命。

平日我并不是轻易冒险的人。就在一周前，我刚结束九天的旅行，从日本回来，飞越了2500公里。其间转过6趟班机，经历了6次飞机的起落，有12次机会成为晚间新闻的头条。

那次的旅行是哥哥送给我的礼物，但由于那几经周折的长途飞行的危险性，当时我几乎把机票寄回去。

此刻我不禁在心中想着飞行2500多公里都安然无恙的我，却差点死在离家只有两条街的地方；想着儿子幼小的生命几乎就此被夺走；想着我的丈夫险些要同时面对两个至爱亲人的丧生。而这一切仅仅源于无谓的匆忙。

如今我决定要放慢自己的脚步，想一想即将到来的春天、美丽的花朵以及我们纯真的孩子——我们与未来的契约。

意外发生后的那个周日，一句歌词始终在我的脑海中回响，“教给我们发现自身的弱点，也许智慧便会从心底油然而生。”

我还想说：让我们放慢脚步，也许生活会从此顺遂平安。

［书外人语］有些人的时间非常宝贵，他们急匆匆地翻栏杆，过马路，无视车流：什么事忙成这个样子，为了省两分钟而用生命开玩笑？能否给人生道路也定些“交规”？

坏脾气与钉子的故事

|张振玲

从前，有个脾气很坏的小男孩。一天，他父亲给了他一大包钉子，要求他每发一次脾气都必须用铁锤在他家后院的栅栏上钉一颗钉子。第一天，小男孩共在栅栏上钉了37颗钉子。

过了几个星期，由于学会了控制自己的愤怒，小男孩每天在栅栏上钉钉子的数目逐渐减少了。他发现控制自己的坏脾气比往栅栏上钉钉子要容易多了……最后，小男孩变得不爱发脾气了。

他把自己的转变告诉了父亲。他父亲又建议说："如果你能坚持一整天不发脾气，就从栅栏上拔下一颗钉子。"经过一段时间，小男孩终于把栅栏上所有的钉子都拔掉了。

父亲拉着他的手来到栅栏边，对小男孩说："儿子，你做得很好。但是，你看一看那些钉子在栅栏上留下的那么多小孔，栅栏再也不会是原来的样子了。当你向别人发过脾气之后，你的言语就像这些钉孔一样，会在人们的心灵中留下疤痕。你这样做就好比用刀子刺向了某人的身体，然后再拔出来。无论你说多少次对不起，那伤口都会永远存在。其实，口头上对人们造成的伤害与伤害人们的肉体没什么两样。"

[书外人语] 谁也不愿意自己的心灵被"钉"得千疮百孔，那么就请控制好自己的脾气与嘴巴。

真诚舍弃

赵功强

有个小伙子注意到阳台上他种的一盆迎春长长的枝条日渐向楼下伸展，就决定把它们拉上来固定好。但就在动手前，他打消了这个念头，他觉得这样做太小气。所以迎春很快就将一帘秀色挂在了楼下阳台。转眼是翌年春天，小伙子惊奇地发现一枝葡萄蔓攀上了他的阳台，俯身去看，却见一张美艳的脸仰起来冲他微笑。原来，楼下人家感激小伙子的馈赠，作为回报，就种了棵葡萄让它攀上来……一来二去，楼上楼下就熟了。就在葡萄第二次成熟的时候，小伙子与楼下人家的女儿收获了他们成熟的爱情。

读了这个美丽的故事，我心里满是欣慰与感动。小伙子只是放手之间给别人送去了一帘绿色，却收获了意想不到的真诚和好运。

感慨之余，想起另一件事。我有一友，大学毕业后在一家工厂做事，因众所周知的原因，许多职工面临下岗，我的朋友业务一直很出色，可就在那时，他主动替一位死了妻子、一个人抚养孩子照顾老人的工人下了岗。在他艰难地熬过两年时光之后，情况有了转机，工厂被一位到当地投资的华侨企业家承包了。老人得知朋友的义举后，赞叹不已，就让他坐上了总经理助理的交椅。

失之东隅，收之桑榆。尽管我们明白这个道理，但现实主活中，我们仍只是乐于获取，乐于牢牢抓住已有的一切，却不肯轻易付出。

所以，当我们抱怨世事虚空、人情冷漠的时候，我们不妨先问问自己：你做过多少真诚的舍弃？

［书外人语］世间自有公道，付出总有回报，也许这些回报还会带着“利息”呢，当然要看你存入社会的是善还是恶了。

花季之问

陈守伦 译

上初中时，英文老师雷诺兹先生给每位同学发了一张纸条。纸条上列出了由其他同学写的各种想法和陈述。然后，他要我们以其中某一句话为依据写一篇作文，17岁的我对很多事情都非常疑惑不解。所以我选择的一句话是："我不明白为什么事物都是现在这个样子？"

交上作文后，我非常担心作业过不了关。因为我根本没有回答"我不明白为什么事物都是现在这个样子"这个问题，我找不到答案。

第二天，雷诺兹先生让我到讲台上把我的作文念给全班同学听。教室非常安静。我开始朗读自己编写的故事。

《妈咪，爹爹……为什么？》

妈咪，为什么玫瑰花是红色的呢？

妈咪，为什么草是青的，天是蓝的？

为什么蜘蛛织网不造房子？

爹爹，为什么我不能在你的工具箱里玩耍？

为什么我必须苗条得骨瘦如柴?

老师，为什么我一定要读书？

母亲，为什么我不能抹上口红参加舞会？

爹爹，为什么我不能在外面玩到中午12点？别的小孩都可以的。

母亲，你为什么恨我？

爹爹，为什么男孩子们不喜欢我？

为什么我一定要系上背带，戴上眼镜？

我为什么要过16岁？

妈，为什么我必须毕业？

爸，为什么我一定得长大？

妈，爸，为什么我必须走出家门，离开你们？

妈，为什么您不多来几封信？

爸，为什么我这么思念老朋友？

爸，为什么您这么爱我？

爸，为什么您这么宠我？

您的女儿已经长大成人。

妈，为什么不经常来看看？

妈，为什么结交新朋友就这么困难？

爸，为什么我非常怀念在家时的日子？

爸，为什么每次看到他的眼睛我就心跳加快？

妈，为什么一听见他的声音我的双腿就打颤？

妈，为什么畅游于爱河之中才是世界上最美妙的感觉？

爹爹，为什么不喜欢有人叫您“外公”？

母亲，我的小宝贝为什么紧紧地抓着我的手？

母亲，为什么他们一定要长大？

爹爹，为什么他们必须走出家门，离开我们？

为什么必须得有人叫我“奶奶”？

妈咪，爹爹，为什么你们要离我而去？我真的需要你们！

为什么我的青春小鸟早已偷偷飞走？

为什么我笑对老朋友，也会笑对陌生人？

为什么我会满头银发？

为什么我弯腰摘花时双手会颤动？

上帝啊，为什么玫瑰花是红色的呢？

读完故事，我双眼紧盯着雷诺兹先生，雷诺兹先生也正一动不动地看着我。我看到一颗泪珠正缓缓地从他的面颊上滚下来。就在那时，我

豁然意识到，生活的根基不仅包括我们得到的所有答案，而且还应该包括我们提出的所有问题。

［书外人语］“上帝啊，为什么玫瑰花是红色的呢？”生命就在这样的问题中轮回呀，问题的答案就是我们生命自身。珍爱生命吧，年轻人，每一个问题都是刻在你生命中的一个年轮。

还有一个苹果

阿 健

一场突然而至的沙暴，让一位独自穿行大漠的旅者迷失了方向，更可怕的是装干粮和水的背包都不见了。翻遍所有的衣袋，他只找到一个泛青的苹果。

“哦，我还有一个苹果。”他惊喜地喊道。他攥着那个苹果，深一脚浅一脚地在大漠里寻找着出路。整整一个昼夜过去了，他仍未走出空旷的大漠，饥饿、干渴、疲惫却一起涌上来，望着茫茫无际的沙海，有好几次他都觉得自己快要支撑不住了，可是看一眼手里的苹果，他抿抿干裂的嘴唇，陡然又添了些许力量。

顶着炎炎烈日，他又继续艰难地跋涉。已数不清摔了多少跟头了，只是每一次他都挣扎着爬起来，踉跄着一点点地往前挪，他心中不停地默念着：“我还有一个苹果，我还有一个苹果……”

三天以后，他终于走出了大漠。那个他始终未曾咬过一口的青苹果，已干巴得不成样子。他还宝贝似的擎在手中，久久地凝视着。

在敬佩旅者之余，我不禁惊讶：一个看似微不足道的苹果，竟然有着如此神奇的力量。

是的，在生命的旅途中，我们常常会遭遇各种挫折和失败，会身陷某些意料之外的困境。这时，不要轻易地说自己什么都没了。其实只要心头不熄灭一个坚定的信念，努力地去找，总会找到帮助自己渡过难关的那“一个苹果”，握紧它，就没有穿不过的风雨、涉不过的险途。

［书外人语］自己对自己说：我失败了，放弃吧。那么你真的会躺下起不来。如果你说：我还能坚持。那么你果真就会有接着走下去的力量。人可以自己打败自己，也可以自己成全自己。

一捧沙

潘台成

一个即将出嫁的女孩，问母亲一个问题：“妈妈，婚后我该怎样把握爱情呢？”

母亲听了女儿的问话，温情地笑了笑，然后从地上捧起一捧沙。

女孩发现那捧沙子在母亲的手里，圆圆满满的，没有一点流失，没有一点撒落。

接着母亲用力将双手握紧，沙子立刻从母亲的指缝间泻落下来。待母亲再把手张开时，原来那捧沙子已所剩无几，其团团圆圆的形状也早已被压得扁扁的，毫无美感可言。女孩望着母亲手中的沙子，领悟地点点头。那位母亲是要告诉她的女儿：爱情无需刻意去把握，越是想抓牢自己的爱情，反而容易失去自我，失去原则，失去彼此之间应该保持的宽容和谅解，爱情也会因此而变成毫无美感的形式。

［书外人语］每个人都希望自己永远拥有幸福美满的爱情，那么不妨学着用一捧沙的情怀来对待爱情，好好珍惜，好好把握，爱情必定会圆圆满满。

人生的5枚金币

|林 夕

不久前，我正在旅顺口和朋友一起办事，听说陈家村有三位渔民因为木船机器出了故障，在海上漂了7天6夜，船上什么吃的都没有，村里人都以为他们死了，谁也没想到他们活着回来了。我们听了，连忙赶去采访。

三位渔民脸晒得黑红，坐在我们面前，讲述着曾经发生的故事，面带笑容，语气平淡，好像不是他们自己亲历而是发生在别人身上似的。

“你们开始的时候想到会漂7天吗？”

“没有，我们想再坚持一天，明天就会有人来救我们。如果一开始就知道要等7天，受这么多罪，我们可能会受不住。”为首的一位年纪较大的渔民说，他是这艘船的主人。

“第六天下午，我觉得自己坚持不住了，喝进去的海水在胃里翻腾，难受死了，就在这时候我们听见了马达声，看见有一条船朝我们开来，我们三人趴在船上喊救命，可是当船驶近的时候，船上的人却冲我们说：你们慢慢漂吧。我绝望地趴在船帮上想跳海自杀，是他救了我。”年纪较小的帮工感激地指着船主说。

船主不好意思地摸摸后脑勺：“其实也没什么，我只是给他们讲了一个5枚金币的故事。

“小时候，我生活在内蒙古草原，有一次，我和爸爸在草原上迷了路。我又累又怕，到最后快走不动了。爸爸就哄我，他从兜里掏出5枚硬币，把一枚硬币埋在草地里，把其余4枚放在我的手上，说：‘人生有5枚金币，童年、少年、青年、中年、老年各有一枚，你现在才用了一枚，就是埋在草原上的那一枚，你不能把5枚都扔在草原，你要一点点地用，每一次都用出不同来，这样才不枉人生一世。今天我们一定要走

出草原，你将来也一定要走出草原，世界很大，人活着，就要多走些地方，多看看。不要让你的金币没用就扔掉。'

“我们走了一天一夜，终于走出了草原。我一直记得父亲说过的话，也一直保存着那4枚硬币。25岁的时候，我从电视上看到大海，我把第二枚金币埋在草原，带着其余的3枚硬币一个人乘车来到大连旅顺口，当了一名水手。今年是我来海上的第9个年头了，我刚刚用攒下的钱买下这条12马力的新木船。我一生的梦想，是能拥有一条可以远洋的100马力以上的铁船。我们还年轻，还有人生的3枚金币，不能就这么把它们都扔到大海里，我们一定要活着回去！从我讲这个故事到被救，才十几个小时。我们真的活着回来了！”

海上漂泊7天6夜，他们喝海水，吃鱼饵，忍受着肉体和精神上双重的痛苦，直到现在他们因为海水中毒而全身浮肿，胃出血，脚溃烂，但他们坐在我们面前，面带笑容，语气平淡。对他们来说，所有的灾难都已成为过去，重要的是他们还活着，还拥有人生的3枚金币，这比什么都重要。

[书外人语] 对我们来说，我们活着，手中也有金币，不是吗？

方　向

|剑　朋

一个在岸边散步的人不小心掉入了水中，游泳技术不佳的他惊慌失措，一边挣扎一边大喊救命。本来他离岸边只有几米远，但当救援人员把他从水中救起时，他已经离岸边数十米远。后来他解释道：“因为我当时太惊慌，只顾着要挣扎在水面上，完全顾不上辨别方向。”

笔者本人也有一次类似的经历。多年前我在山东蓬莱县做社会调查。一天下午路经一个小水库，发现水库中有一个小男孩正在挣扎，岸边还有几个光溜溜的小孩在哭喊。很明显，这群孩子在浅水里玩耍，其中一个不小心滑到了深水中。我边跑边脱衣服，迅速下水游到那个小孩身边。小孩一把抓住我的胳膊死死不放，我的游泳技术本就不怎么样，又急又慌，连着呛了几口水，后来好不容易稳住神，用一只手拉住小孩，转身仰泳，用另一只手拼命划水，等游上岸，全身如同散了架一般，半天动弹不得。

等我惊魂稍定后才发现，小孩原来的落水处距岸边也只有数米远，而慌乱中，我拉着他却游到了数十米远的对岸。

[**书外人语**] 任何时候，做任何事情，你都要首先检查你的方向是否正确无误。

聪 明 误

|文彦 译

我们经常花许多钱去购买自己不懂得用的东西。遥控电话机怎么用？那个神奇的榨果汁机到底怎么用？还有那个新买的家用摄像机呢？

我认识一对夫妇，买了一台最先进的洗衣机，是洗衣机中的极品。可是换了6个洗衣女工，请过12个技工来示范，又经历了几次“水灾”之后，他们竖起了白旗：“现在我们把它当家具用。”

他们是那种遇挫折后认输、服输的人。还有一种是简单派的人，人数最多。这一派的人有自知之明，尽量避免去碰CD机里的机关。要不要自动选曲？他眨眨眼，无动于衷。那个会跳过几段的设备呢？他无意使用。他把所有神秘的按钮都用胶布贴了起来。电脑中的电子邮件好不好用？用来查地址很方便，仅此而已。换句话说，那些用高价买来的东西，用得着的部分只占10%，最多15%。

最后一种人是钻研派。他什么都想了解，不惜牺牲自己的健康，也要达到目的。举个例子，法国南普机场的洗手间装了新式洗手盆，水龙头按钮在哪儿？没有。踏板？也没有。于是，他开始找摄像机，看看自己会不会正被人偷拍，上了捉弄人的电视节目。但找不到摄像机。服输派和简单派的人会摇摇头，走了。钻研派的人不肯走，不惜花时间到处摸摸看看，他终于找到了：龙头里装了电眼，由电眼操纵龙头的供水。他得意极了，满脸笑容。

他的确聪明过人。结果，他误了飞机。

[书外人语] 生活其实很简单，千万不要让一些打着“科学先进”旗号的东西给弄复杂了，不要花钱去买那些很先进却很没用的东西。

不要等到比原来还少

澜 涛

小时候，有一次和祖父进林子去捕野鸡。祖父教我用一种捕猎机，它像一只箱子，用木棍支起，木棍上系着的绳子一直接到我隐蔽的灌木丛中。只要野鸡受撒下的玉米粒的诱惑，一路啄食，就会进入箱子。我只要一拉绳子就大功告成。

支好箱子，藏起不久，就飞来一群野鸡，共有九只。大概是饿久了，不一会儿就有六只野鸡走进了箱子。我正要拉绳子，又想，那三只也会进去的，再等等吧。等了一会儿，那三只非但没进去，反而走出来三只。我后悔了，对自己说，哪怕再有一只走进去就拉绳子。接着，又有两只走了出来。如果这时拉绳，还能套住一只，但我对失去的好运不甘心，心想，总该有些要回去吧。终于，连最后那一只也走出来了。

那一次，我连一只野鸡也没能捕捉到，却捕捉到了一个受益终生的道理：人的欲望是无法满足的，而机会却稍纵即逝；贪欲不仅让我难以得到更多，甚至连原本可以得到的也将失去。

[书外人语] 炒过股票的人对这个故事体会最深：当手中的股票开始赚钱时，想着还会再涨，等等吧。当已往下跌时，想着前几天那个高点都没卖，现在卖只能赚这么点钱，等涨回点再说。结果成了套牢一族。煮熟的鸭子还会飞，就是这个道理。

真情测试

日本社会关系学专家谷子博士讲过这样一个故事。

有一富翁为了测试别人对他是否真诚，就假装生病住进医院。

结果，那富翁说:“很多人都来看我，但我看出其中许多人都是为了分配我的遗产而来的，特别是我的亲人。”

谷子博士问他:“你的朋友来看你了吗?”

“经常和我有往来的朋友都来了，但我知道他们不过是当作一种例行的应酬罢了。”

“还有几个平素和我不睦的人也来了，我想他们肯定是听到我病重的消息，幸灾乐祸来看热闹的。”

照他的说法，他测验的结果就是：根本没有一个人对他有真正的感情。

谷子博士就告诉他："为什么我们苦于测验别人对自己是否真诚，而从来不测验一下自己对别人是否真诚呢？"

［书外人语］这个社会上谁都不傻，人心都是肉长的，你对人家虚情假意，怎么会寄希望人家对你真心实意呢？

生命需要什么

|刘燕敏

利奥·罗斯顿是美国最胖的好莱坞影星，他腰围6.2英尺，体重385磅。1936年在英国演出时，因心肌衰竭被送进汤普森急救中心。抢救人员用了最好的药，动用了最先进的设备，仍没挽回他的生命。临终前，罗斯顿曾绝望地喃喃自语：你的身躯很庞大，但你的生命需要的仅仅是一颗心脏！

罗斯顿的这句话，深深触动了在场的哈登院长，作为胸外科专家，他流下了泪。为了表达对罗斯顿的敬意，同时也为了提醒体重超常的人，他让人把罗斯顿的遗言刻在了医院的大楼上。

1983年，一位叫默尔的美国人也因心肌衰竭住了进来，他是位石油大亨，两伊战争使他在美洲的10家公司陷入危机，为了摆脱困境，他不停地往来于欧亚美之间，最后旧病复发，不得不住进来。

他在汤普森医院包了一层楼，增设了五部电话和两部传真机。当时的《泰晤士报》是这样渲染的：汤普森——美洲的石油中心。

默尔的心脏手术很成功，他在这儿住了5个月就出院了，不过他没回美国。苏格兰乡下有一栋别墅，是他10年前买下的，他在那儿住了下来。1988年，汤普森医院百年庆典，邀请他参加，记者问他为什么卖掉自己的公司，他指了指医院大楼上的那一行金字，说，利奥•罗斯顿。

不知记者是否理解了他的意思，总之，在当时的媒体上没找到与此有关的报道，后来我在默尔的一本传记中发现这么一句话：富裕和肥胖没什么两样，也不过是获得超过自己需要的东西罢了。

也许，这就是答案。

[书外人语] 对健康的生命而言，任何多余的东西就是负担。

高山流水

|栖 云

他们曾是一批军人。

朝鲜上甘岭战役中骁勇善战，舍生忘死，凯旋后被历史安排到北大荒务农，一搁就是40多年。粗糙的大手，黝黑的脸庞，还有土里土气的打扮，40多年的岁月将他们完全融化、汇入了那片黑土地。但是，他们是军人。

坐如钟、站如松、行如风，不折不扣的军礼，从未被岁月的风霜腐蚀过，更改过，淹没过。无论何时何地，他们庄严的眼神都会告诉你，军人风范丝毫不减。

这风范最让我肃然起敬的地方，就是异常超脱的生活态度。

浴血奋战过的军人，有资格居功，有资格享乐，有资格光彩夺目，至少不需弯下腰去，挥汗如雨。当稻浪飘香的时候，当星垂平野的时候，这些军人出身的农民，可曾滋生出些许抱怨和哀叹？

然而我大错特错了。他们深怀幸运的心里，时刻活在满足的光辉里。军人说，从死人堆里活下来如今子孙绕膝承欢，躬耕算得了什么！

比起上甘岭，比起连姓名都无法留下来的烈士，今天的生活简直天堂一般，也许这是彻悟后的豁达，但由此可以断定，从某种意义上讲，理智地向下向后比较，更深地体味幸运的滋味，更多感受快乐的资源，能在并非明媚的环境中活出异彩来。

出生入死，就是一道坎，像一个被命运扼住咽喉的人，稍稍的呼吸都欣喜若狂。

这样说，境况的水准线越低，境界的领域越可能高远，就像高山流水，飞瀑千尺，方显示出山势巍峨。

如此，跟草木比，跟生灵比，跟灰暗的过去比，还有什么理由抱怨或哀叹呢？

[书外人语] 看开些吧，健康地活着，就是一种莫大的幸福。

家门口的水沟

|水竹船

定时发作的绝望总是如影相随，不时将我攫住。

每当这种时刻，我就想找人诉说，借此得到抚慰。我知道，明白这种心情的人很少，人们通常会把它硬扯到一个世俗的原因上来，给你一顿铺天盖地的说教。但我需要的不是这种东西。

一个朋友听了我的诉苦，淡淡地说：不要对我说难过，难过是学生造的病句：我家门口有一条水沟每天上学都很难过。我无言以对。

等到再次发作之时，我就事先大叫：不许对我说家门口的水沟，你怎么这么无动于衷！电话里静了一会儿，然后传来他轻轻的、苦涩的声音：因为我家门口有一条大水沟。

我顿时又哑口无言。是啊，比起他来，我的悲伤算什么？他能坚持一言不发，我瞎嚷嚷什么。

也许家家门口都有一条水沟，除了自己，没人能替你迈过去。有一位失去亲人的朋友，在电话里无限苍凉地对我说：我感到刻骨的孤单。我非常想安慰他，可是刹那间，我突然清晰地感觉到无法抚慰他。这个世界上，有那么多孤单的、痛苦的、绝望的人，可是为什么竟不能互相抚慰呢？人类的悲喜是如此不相干，同一幢楼里，有人哭，有人笑，有人在生，有人在死。面对他人的痛苦，我们有的只是莫可言状的无力。

这位饱经沧桑的朋友叹息道：你活得太投入了！这话使我一愣，若有所悟。也许家门口的这条小沟是他早已迈过的，所以他才能站在更高处以这样超然的态度对我说吧！我相信，活得投入是生命的本能，活得冷峻是睿智，它需要极大的勇气和无比的内心力量。

我家门口有一条水沟，每天都很难过。难过也要过，摔下去，爬起来，一直向前走，一天，一年，一生。

[书外人语] 记得好像是陈毅元帅在旧社会曾有此一联：年难过，年难过，年年难过年年过；事难成，事难成，事事难成事事成。每一件事，每一天，难过也好，容易也好，我们可能别无选择，只有咬牙去过，去做。

生命的最后一分钟

|段代洪

前不久，大连市公汽联营公司702路422号双层巴士司机黄志全，在行车的途中突然心脏病发作，在生命的最后一分钟里，他做了三件事：

——把车缓缓地停在路边，并用生命的最后力气拉下了手动刹车闸；

——把车门打开，让乘客安全地下了车；

——将发动机熄火，确保了车和乘客的安全。

他做完了这三件事，趴在方向盘上停止了呼吸。

这只是一名平凡的公汽司机，他在生命最后一分钟里所做的一切也并不惊天动地，然而许多的人却牢牢地记住了他的名字。

[书外人语] 平凡的岗位平凡的人，我们没有想过要成为什么名人、英雄，有点敬业精神、负责任的态度，就是一个合格的社会人。

距　　离

刘燕敏

柴可夫斯基和梅克夫人是一对相互爱慕而又从来未见过面的恋人。梅克夫人是一位酷爱音乐、有一群儿女的富孀，她在柴可夫斯基最孤独、最失落的时候，不仅给了他经济上的援助，而且在心灵上给了他极大的鼓励和安慰。她使柴可夫斯基在音乐殿堂里一步步走向顶峰。柴可夫斯基最著名的《第四交响曲》和《悲怆交响曲》都是为这位夫人而作。

他们从未见过面的原因并非他们二人相距遥远，相反他们的居地仅一片草地之隔。他们之所以永不见面，是因为他们怕心中的那种朦胧的美和爱，在一见面后被某种太现实、太物质的东西所代替。

不过，不可避免的相见也发生过。那是一个夏天，柴可夫斯基和梅克夫人本来已安排了他们的日程：一个外出，另一个一定留在家里。但是有一次，他们终于在计算上出了差错，两个人同时都出来了，他们的马车沿着大街渐渐靠近。当两驾马车相互擦过的时候，柴可夫斯基无意中抬起头，看到了梅克夫人的眼睛。他们彼此凝视了好几秒钟，柴可夫斯基一言不发地欠了欠身子，孀妇也同样回欠了一下，就命令马车夫继续赶路了。柴可夫斯基一回到家就写了一封信给梅克夫人:“原谅我的粗心大意吧！维拉蕾托夫娜！我爱你胜过其他任何一个人，我珍惜你胜过世界上所有的东西。”

在他们的一生中，这是他们最亲密的一次接触。

现在想来，柴可夫斯基和梅克夫人是在用距离创造美——创造迷人的朦胧，创造向往和动力。他们是聪明的，他们没有让欲念任意驰骋，而是把爱的欢乐放在和理性等距离的位置上，让它升华成崇高的品格，升华成完美的人性，升华成一个永恒的故事。

就女人而言，距离如火，它可能带给你温暖，也可以把你化为灰烬。就男人而言，距离如水，可以载舟，也可以覆舟。就爱而言，距离不再是空间意义上的长度，而是交往的层次和质量。推而广之，它也是生存的艺术。

[书外人语] 这种纯精神上的爱恋太超凡脱俗了，但把握好距离的尺度却真是一门高超的艺术。

心常常因细腻而伟大

摩 罗

王开岭在他即将出版的随笔集《激动的石头》中，引用了赫尔岑回忆录所谈到的一个风俗。赫尔岑满怀深情地说，西伯利亚的一些地方，出于对流放者的关怀，形成了这样的风俗：他们夜间在窗台上放些面包、牛奶或清凉饮料“克瓦斯”，如果有流放者夜间逃走路过这里，饥寒交迫，又不敢敲门进屋，就可以随手取食，以渡难关。王开岭接着赞叹道:“多么伟大的细心!”

前不久读张光宇《拉萨的月亮》，才知道拉萨每年过年都有一项内容，那就是到街头布施穷人。穷人成排地站着，众多布施者都拿着零钱一路分过去。书中的“我”钱分得差不多了，就专挑看着顺眼的求乞者分，而那些看着不喜欢的人，就被跳过去了。这时，藏族大学生达娃把“我”拉到一边，告诫“我”不能这样有所遗漏，这样做会使那些落空的求乞者受到伤害。达娃认真地看着“我”，直到她确信“我”已明白了她的意思而又没有因此受到伤害，才放心地继续布施去了。

我对这段文字惊叹不已。我禁不住批曰:“细腻的心灵。心常常因细腻而伟大。”在中国的文学作品中，很少读到这么好的文字，因为我们的生活越来越粗糙，我们的心灵当然也只会越来越粗糙，越来越自私和冷漠。

西伯利亚人民和拉萨人民都有这样伟大的善良。

为什么细腻本身就常常是伟大的，因为细腻体现了伟大的爱心和善良，体现了内在的良知和尊严。

[书外人语] 一个人关心别人的处境和尊严，必是出于自己内在的尊严体验。所以，在一个彻底丧失了尊严的无赖群体之中，几乎没有真正的良知和关怀可言。

第四辑

【爱的考核】

风雨中的菊花

|王宗宽 编译

午后的天灰蒙蒙的，风没有消息。乌云压得很低，似乎要下雨，就像一个人想打喷嚏，可是又打不出来，憋得很难受。

多尔先生情绪很低落，他最烦在这样的天气出差。由于生计的关系，他要转车到休斯敦。离开车的时间还有两个小时，他随便在站前广场上漫步，借以打发时间。

"太太，行行好。"声音吸引了他的注意力。循声音望去，他看见前面不远处一个衣衫褴褛的小男孩伸出鹰爪样的小黑手，尾随着一位贵妇人。那个妇女牵着一条毛色纯正、闪闪发亮的小狗急匆匆地赶路，生怕小黑手弄脏了她的衣服。

"可怜可怜，我三天没有吃东西了，给一美元也行。"

考虑到甩不掉这个小乞丐，妇女转回身，怒喝一声："滚！这么点小孩就会做生意！"小乞丐站住脚，满脸是失望。

真是缺一行不成世界，多尔先生想。听说专门有一种人靠乞讨为生，甚至还有发大财的呢。还有一些大人专门指使一帮孩子乞讨，利用人们的同情心，说不定这些大人就站在附近观察呢，说不定这些人就是孩子的父母，如果孩子完不成定额，回去就要挨处罚。不管怎么说，孩子也怪可怜的。这个年龄本来该上学，在课堂里学习。这个孩子跟自己的儿子年龄相仿，可是……这个孩子的父母太狠心了，无论如何应该送他上学，将来成为对社会有用的人。

多尔先生正思忖着，小乞丐走到他跟前，摊着小脏手："先生，可怜可怜吧，我三天没有吃东西了。给一美元也行。"不管这个乞丐是生活所迫，还是欺骗，多尔先生心中一阵难过，他掏出一枚一美元的硬币，递到他手里。

“谢谢您，祝您好运！”小男孩金黄色的头发都连成了一个板块，全身上下只有牙齿和眼球是白的，估计他自己都忘记上次洗澡的时间了。

树上的鸣蝉在聒噪，空气又闷又热，像庞大的蒸笼。多尔先生不愿意过早去候车室，就信步走进一家鲜花店。他有几次在这里买过礼物送给朋友。

“你要看点什么?”卖花小姐训练有素，礼貌又有分寸。

这时，从外面又走进一人，多尔先生瞥见那人正是刚才的小乞丐。小乞丐很认真地逐个端详柜台里的鲜花。“你要看点什么？”小姐这么问，因为她从来没有想过小乞丐会买花。

“一束万寿菊。”小乞丐竟然开口了。

“要我们送给什么人吗?”

“不用，你可以写上‘献给我最亲爱的人’，下面再写上‘祝妈妈生日快乐！’”

“一共是20美元。”小姐一边写，一边说。

小乞丐从破衣服口袋里哗啦啦地摸出一大把硬币，倒在柜台上，每一枚硬币都磨得亮晶晶的，那里面可能就有多尔先生刚才给他的。他数出20美元，然后虔诚地接过下面有纸牌的花，转身离去。

这个小男孩还蛮有情趣的，这是多尔先生没有想到的。

火车终于驶出站台，多尔先生望着窗外，外面下雨了，路上没有了行人，只剩下各式车辆。突然，他在风雨中发现了那个小男孩。只见他手捧鲜花，一步一步地缓缓地前行，他忘记了身外的一切，瘦小的身体更显单薄。多尔看到他的前方是一块公墓，他手中的菊花迎着风雨怒放着。

火车撞击铁轨越来越快，多尔先生的胸膛中感到一次又一次的强烈冲击。他的眼前模糊了。

[书外人语] 一个衣不掩体、食难果腹的小乞丐的心中竟然有如此神圣的天空，令人唏嘘不已。相形之下，我们呢?

最美好的礼物

这一年的圣诞节，保罗的哥哥送给他一辆新车作为圣诞节礼物。圣诞节的前一天，保罗从他的办公室出来时，看到街上一名男孩在他闪亮的新车旁走来走去，触摸它，满脸羡慕的神情。

保罗饶有兴趣地看着这个小男孩，从他的衣着来看，他的家庭显然不属于自己这个阶层，就在这时，小男孩抬起头，问道:“先生，这是你的车吗?”

“是啊，”保罗说，“我哥哥给我的圣诞节礼物。”

小男孩睁大了眼睛:“你是说，这是你哥哥给你的，而你不用花一角钱?”

保罗点点头。小男孩说:“哇！我希望……”

保罗认为他知道小男孩希望的是什么，有一个这样的哥哥。但小男孩说出的却是:

“我希望自己也能当这样的哥哥。”

保罗深受感动地看着这个男孩，然后他问:“要不要坐我的新车去兜风?”

小男孩惊喜万分地答应了。

逛了一会儿之后，小男孩转身向保罗说:“先生，能不能麻烦你把车开到我家前面?”

保罗微微一笑，他理解小男孩的想法：坐一辆大而漂亮的车子回家，在小朋友的面前是很神气的事。但他又想错了。

“麻烦你停在两个台阶那里，等我一下好吗?”

小男孩跳下车，三步两步跑上台阶，进入屋内，不一会儿他出来了，并带着一个显然是他弟弟的小孩，因患小儿麻痹症而跛着一只脚。

他把弟弟安置在下边的台阶上，紧靠着坐下，然后指着保罗的车子说：

“看见了吗?就像我在楼上跟你讲的一样，很漂亮对不对?这是他哥哥送给他的圣诞礼物，他不用花一角钱！将来有一天我也要送你一部和这一样的车子，这样你就可以看到我一直跟你讲的橱窗里那些好看的圣诞节礼物了。”

保罗的眼睛湿润了，他走下车子，将小弟弟抱到车子前排座位上，他的哥哥眼睛里闪着喜悦的光芒，也爬了上来。于是三人开始了一次令人难忘的假日之旅。

在这个圣诞节，保罗明白了一个道理：给予比接受真的令人更快乐。

［书外人语］不是希望有这样一个哥哥，而是希望能像这个哥哥一样。我们想，这个小男孩一定会成功，伟大的爱总会给人伟大的力量。

爱之链

|刘宗亚 编译

一天傍晚，他驾车回家。在这个中西部的小社区里，要找一份工作是那样的难，但他一直没有放弃，冬天迫近，寒冷终于撞击家门了。

一路上冷冷清清。除非离开这里，一般人们不走这条路。他的朋友们大多已经远走他乡，他们要养家糊口，要实现自己的梦想。然而，他留下来了。这儿毕竟是他父母埋葬的地方，他生于斯，长于斯，熟悉这儿的一草一木。

天开始黑下来，还飘起了小雪，他得抓紧赶路。

你知道，他差点错过那个在路边搁浅的老太太。他看得出老太太需要帮助。于是，他将车开到老太太的奔驰车前，停下车来。

虽然他面带微笑，但她还是有些担心。一个多小时了，也没有人停下来帮她。他会伤害她吗？他看上去穷困潦倒，饥肠辘辘，不那么让人放心。他看出老太太有些害怕，站在寒风中一动不动。他知道她是怎么想的，只有寒冷和害怕才会让人那样。

“我是来帮助你的，老妈妈，你为什么不到车里暖和暖和呢？顺便告诉你，我叫乔。”他说。

她遇到的麻烦不过是车胎瘪了，乔爬到车下面，找了个地方安上千斤顶，又爬下去一两次。结果，他弄得浑身脏兮兮的，还伤了手。当他拧紧最后一个螺母时，她摇下车窗，开始和他聊天。她说，她从圣路易斯来，只是路过这儿，对他的帮助感激不尽。乔只是笑了笑，帮她关上后备箱。

她问该付他多少钱，出多少钱她都愿意。乔却没有想到钱，这对他来说只是帮助需要帮助的人，上帝知道过去在他需要帮助时有多少人曾经帮助过他呀。他说，如果她真想答谢他，就请她下次遇到需要帮助的人，也给予帮助，并且“想起我”。

他看着老太太发动汽车上路了。天气寒冷且令人抑郁，但他在回家的路上却很高兴，开着车消失在暮色中。

沿着这条路行了几英里，老太太看到一家小咖啡馆。她想进去吃点东西，驱驱寒气，再继续赶路回家。

侍者走过来，给她一个干净的毛巾擦干她湿漉漉的头发。她面带甜甜的微笑，是那种虽然站了一天却也抹不去的微笑。老太太注意到女侍者已有很明显的身孕，但她的服务态度没有因为过度的劳累和疼痛而有所改变。

老太太吃完饭，拿出一百美元付账，女侍者拿着这一百美元去找零钱。而老太太却悄悄出了门，当女侍者拿着零钱回来时，正奇怪老太太哪去了，这时她注意到餐巾上有字。老太太写的，她眼含热泪。上面写着：“你不欠我什么，我曾经跟你一样。有人曾经帮助我，就像我现在帮助你一样。如果你真想回报我，就请不要让爱之链在你这儿中断。”

虽然还要清理桌子，服侍客人，但这一天女侍者又坚持下来了。晚上，下班回到家，躺在床上，她心里还在想着那钱和老太太写的话，老太太怎么知道她和丈夫那么需要这笔钱呢？孩子就快要出生了，生活会很艰难，她知道她的丈夫是多么焦急。、

当他躺到她旁边时，她给了他一个温柔的吻，轻声说:“一切都会好的。我爱你，乔。”

[书外人语] 有一首歌唱道:“只要人人献出一点爱，世界将会……。”可许多人只是这么唱唱而已，如果大家都找各种理由只说不做，那么世界仍是这个老样子。

第六枚戒指

|肖 剑 编译

美国经济大萧条时期，一位18岁的姑娘曼莎好不容易才找到一份在一家高级珠宝店当售货员的工作。在圣诞节的前一天，店里来了一位30岁左右的男顾客。他虽然穿着很整齐干净，看上去很有修养，但很明显，这也是一个遭受失业打击的不幸的人。

此时店里只有曼莎一个人，其他几个职员刚刚出去。曼莎向他打招呼时，男子不自然地笑了一下，目光从曼莎的脸上慌忙躲闪开，仿佛在说：你不用理我，我只是来看看。

这时，电话铃响了。曼莎去接电话，一不小心，将摆在柜台的盘子碰翻了，盘中装着的六枚精美绝伦的金戒指掉在了地上。姑娘慌忙弯腰去拣。可她拣回了五枚以后，却怎么也找不到第六枚戒指。当她抬起头

时，看到那位男子正向门口走去，顿时，她明白了那第六枚戒指在哪里。

当男子的手将要触及门框时，曼莎柔声叫道：“对不起，先生。”

那男子转过身来，两个人相视无言，足足有一分钟。曼莎的心在狂跳：他要是来粗的怎么办？他会不会……

“什么事？”他终于开口说道。

曼莎极力压住心跳，鼓足勇气，说道：“先生，这是我头回工作，现在找个事儿真不容易，是不是？”

男子长久地审视着地，良久，一丝微笑在他脸上浮现出来，曼莎终于也平静下来，她也微笑着看着他，两人就像老朋友见面似的那样亲切自然。

“是的，的确如此。”他回答，“但是我能肯定，你在这里会干得不错。”

停了一下，他向前一步，把手伸给她：

“我可以为你祝福吗？”

紧紧地握完手后，他转身缓缓地走向门口。

曼莎目送着他的身影在门外消失，转身走回柜台，把手中的第六枚戒指放回原处。她的眼睛有些潮湿，她心里想：上帝呀，这些日子赶快过去，让大家都好起来吧。

［书外人语］理解，宽容，以人心打动人心，聪明善良的姑娘找到了最好的解决问题的方法。

理　　解

| [美] 丹·克拉克

一名店主在门上钉了一个广告，上面写着“出售小狗”。这信息显然把孩子们吸引住了，一名小男孩出现在店主的广告牌下。“小狗卖多少钱呢？”他问道。“30至50美元不等。”

小男孩将手伸入口袋掏出一些零钞，“我有2.37美元，请允许我看看它们，好吗？”

店主笑了笑，吹了声口哨，一名负责管理狗舍的女士便跑了出来，她身后跟着五只毛茸茸的小狗。其中有一只远远地落在后面。这名小男孩立即发现了那只落在后面的一跛一跛的小狗，“那只小狗有什么毛病吗？”

店主解释说：那只小狗没有臀骨臼，所以它只能一拐一拐地走路。小男孩说：“就是那只小狗，我要买它。”

店主说：“你用不着花钱，如果你真的要它，我把它送给你好了。”

小男孩十分气愤，他瞪着店主的眼睛，“我不需要你把它送给我。那只狗和其他的狗价值应是一样的，我会付你全价。我现在就要付2.37美元，以后每月付50美分，直到付完为止。”

店主劝说道：“你真的用不着买这只狗，它根本不可能像别的狗那样又蹦又跳地陪你玩儿。”

听到这句话，小男孩弯下腰，卷起裤腿，露出他一只严重畸形的腿。他的左腿是跛的，靠一个大大的金属支架撑着。

他看着店主轻声说道：“嗯，我自己也跑不好，那只小狗需要有一个能理解它的人。”

[书外人语] 弱者需要同情，更需要理解。

5块钱的故事

| 李圆圆

美国海关。

有一批被没收的脚踏车在公告后决定拍卖。

拍卖会中，每次叫价的时候，总有一个10岁出头的男孩喊价，而且总是以“5块钱”开始出价，然后眼睁睁地看着脚踏车被别人用30元、40元买去。拍卖会中间休息时，拍卖员问那个小男孩为什么不出较高的价格来买，男孩说，他只有5块钱。

拍卖会又开始了，那男孩还是给每辆脚踏车相同的价钱，然后又被别人用较高的价钱买了去。

后来，聚集的观众开始注意到那个总是首先出价的男孩，也开始察觉到会有什么结果。

最后拍卖会要结束了，这时只剩一辆最棒的脚踏车，车身光亮如新，有多种排档、10段杆式变速器、双向手刹车、速度显示器和一套夜间电动灯光装置。

拍卖员问:“谁出价?”这时，站在最前面、几乎已经绝望的那个小男孩轻声地再次说:“5块钱。”

拍卖员停止唱价，停下来站在那里。

这时，所有在场的人都看着这个小男孩，没有人出声，没有人举手，也没有人喊价，直到拍卖员唱价三次后，他大声说:“这辆脚踏车卖给这位穿短裤白球鞋的小伙子!”此语一出，全场鼓掌。

那小男孩拿出握在手中仅有的5元钱，买了那辆毫无疑问是最漂亮的脚踏车时，脸上露出灿烂的笑容。

[书外人语] 放弃自己的一点私欲，去成全一个美好的愿望。我们每个人一点点善意的付出，会给这世界增添多少美好和欢乐。

仁者无敌

|罗 裳

这是发生在英国的一个真实故事。

有位孤独的老人，无儿无女，又体弱多病，他决定搬到养老院去。老人宣布出售他漂亮的住宅。

购买者闻讯蜂拥而至。住宅底价8万英镑，但人们很快就将它炒到10万英镑了。价钱还在不断攀升。

老人深陷在沙发里，满目忧郁，是的，要不是身体不佳，他是不会卖掉这栋陪他度过大半生的住宅的。

一个衣着朴素的青年来到老人跟前，弯下腰，低声说："先生，我也好想买这栋住宅，可我只有1万英镑。"

"但是，它底价就是8万英镑啊。"老人淡淡道，"现在它已升到10万英镑了。"

青年并不沮丧，诚恳地说："如果您把住宅卖给我，我保证会让您依旧生活在这里，和我一起喝茶，读报，散步，天天都快快乐乐的——相信我，我会用整颗心来关爱您！"

老人颔首微笑。

突然，老人站起来，挥手示意人们安静下来："朋友们，这栋住宅的新主人已经产生了。"老人拍着青年的肩膀，"就是这个小伙子！"

青年不可思议地赢得了经济上的胜利，梦想成真。

[书外人语] 完成梦想，达到目标，不一定非得要冷酷的厮杀和欺诈，其实，真正让一个人成为最大的赢家的，却往往是那颗仁爱之心。

母爱无言

鹏 鹏

听说过两个有关母亲的故事。

一个发生在一位游子与母亲之间。游子探亲期满离开故乡，母亲送他去车站。在车站，儿子旅行包的拎带突然被挤断，眼看就要到发车时间，母亲急忙从身上解下裤腰带，把儿子的旅行包扎好。解裤腰带时，由于心急又用力，她把脸都涨红了。儿子问母亲怎么回家呢，母亲说不要紧，慢慢走。多少年来，儿子一直把母亲这根裤腰带珍藏在身边。多少年来，儿子一直在想，他母亲没有裤腰带是怎样走回几里地外的家的。

另一个故事则发生在一个犯人同母亲之间。探监的日子，一位来自贫困山区的老母亲，经过乘坐驴车、汽车和火车的辗转，探望服刑的儿子，在探监人五光十色的物品中，老母亲给儿子掏出用白布包着的葵花子。葵花子已经炒熟，老母亲全嗑好了，没有皮，白花花的像密密麻麻的雀舌头。

服刑的儿子接过这堆葵花子肉，手开始抖。母亲亦无言语，撩起衣襟拭眼。她千里迢迢探望儿子，卖掉了鸡蛋和小猪崽，还要节省许多开支才凑足路费。来前，在白天的劳碌后，晚上在煤油灯下嗑瓜子。嗑好的瓜子肉放在一起，看它们一点点增多，自己没有舍得吃一粒。十多斤瓜子嗑亮了许多夜晚。

服刑的儿子垂着头。作为身强力壮的小伙子，正是奉养母亲的时候，他却不能。在所有探监人当中，他母亲的衣着是最褴褛的。母亲一口一口嗑的瓜子，包含千言万语。儿子“扑通”给母亲跪下，他忏悔了。

一次，一位结婚不久的同龄朋友对我抱怨起母亲，说她没文化思想不开通，说她什么也干不了还爱唠叨。于是，我就把这两个故事讲给他听。听毕，他泪眼蒙眬，半晌无语。

［书外人语］不要跟不孝敬父母的人打交道，他对他父母都那个样子，对别人能怎样？

我爱你，可是我不敢说

|张丽钧

那是一次高考模拟测试，我照例充任主考官，坐在一张课桌前，百无聊赖地低头看桌面上学生们信手涂抹的杂乱无章的字迹。我先看到了一些当红影星、歌星、球星们的名字，接着又看到了一些诸如“酷”、“哇噻”、“去死吧”等中学生们常用的流行语。在这堆烂字中间，我发现了些娟秀清丽的小字。仔细瞧瞧，竟是一首小诗。在飞沙走石的文字“风暴”里，那首小诗非常巧妙地隐匿了自己，又十分执著地披露了自己：“我爱你/可是我不敢说/我怕说了/我马上就会死去/我不怕死/我怕我死了/再没有人像我一样爱你。”

写得真不赖。我在心里说。作者是谁呢？总不会是我班里的学生吧？平素让他们写作文，搜肠刮肚也写不出几个像样的句子，怎么一写“我爱你”，就能把中国话说得这么地道！

弟子们上大学后的第一个寒假，又相约重聚到我身边。大家不再像从前那样拘谨，竟公然品评我的发式和服装了。谈及往事，同学们个个激动不已。当初悬在我脑子里的许多问号全被他们叽叽喳喳地抻成了感叹号。突然，我想起了那首小诗，我说：“那天，我在咱班一张课桌上读到了一首小诗。诗中写到：我爱你……”

“可是我不敢说，”同学们居然齐声背诵起来，“我怕说了/我马上就会死去/我不怕死/我怕我死了/再没有人像我一样爱你。”

“哇噻！”我叫了起来，“让你们背一首《茅屋为秋风所破歌》，你们死活背不下来，情诗却能背得这么好！作者是谁呀？”

同学们笑了，有个同学说：“我们也不知道作者是谁，但我们都挺喜欢这首诗的，抄它背它的时候，觉得特神圣，特壮烈。也没费多大的劲，就刻脑子里了。”

我听得呆了。我在想，作为一名教育工作者，我是不是有责任把那种“特神圣，特壮烈”的诗从桌面上拯救出来……

[书外人语] 作为一名教育工作者，是否更有责任把学生的想像力拯救出来？

20美金的价值

|唐继柳 编译

一位爸爸下班回到家很晚了，很累并有点烦，发现他5岁的儿子靠在门旁等他。“我可以问你一个问题吗？”

“什么问题？”

“爸，你一小时可以赚多少钱？”

“这与你无关，你为什么问这个问题？”父亲生气地说。

“我只是想知道，请告诉我，你一小时赚多少钱？”小孩哀求。

“假如你一定要知道的话，我一小时赚20美金。”

“喔，”小孩低下了头，接着又说，“爸，可以借我10美金吗？”

父亲发怒了：“如果你问这问题只是要借钱去买毫无意义的玩具的

话，给我回到你的房间并上床。好好想想为什么你会那么自私。我每天长时间辛苦工作着，没时间和你玩小孩子的游戏。”

小孩安静地回自己房间并关上门。

父亲坐下来还生气。约一小时后，他平静下来了，开始想着他可能对孩子太凶了——或许孩子真的很想买什么东西，再说他平时很少要过钱。

父亲走进小孩的房间，问道:“你睡了吗，孩子?”“爸，还没，我还醒着。”小孩回答。

“我刚刚可能对你太凶了，”父亲说，“我将今天的气都爆发出来了——这是你要的10美金。”

“爸，谢谢你。”小孩欢叫着从枕头下拿出一些被弄皱的钞票，慢慢地数着。

“为什么你已经有钱了还要?”父亲生气地说。

“因为这之前不够，但我现在足够了。”小孩回答，“爸，我现在有20块钱了，我可以向你买一个小时的时间吗?明天请早一点回家——我想和你一起吃晚餐。”

将这个故事与你所喜欢的人分享，但更重要的是与你所爱的人分享这价值20美金的时间——这只是提醒辛苦工作的各位，我们不应该不花一点时间来陪那些在乎我们，关心我们的人而让时间从手指间溜走。

［书外人语］时间可以换取金钱，也可以换取家庭的亲情和快乐。给家庭挤出些时间吧，因为有些东西是拿钱买不到的。

家是什么

|光 雀

在美国洛杉矶，有一个醉汉躺在街头，警察把他扶起来，一看是当地的一个富翁。当警察说送他回家时，富翁说:“家?我没有家。”警察指着远处的别墅说:“那是什么?”“那是我的房子。”富翁说。

在我们这个世界，许多人都认为，家是一间房子或一个庭院。然而，当你或你的亲人一旦从那里搬走，一旦那里失去了温馨和亲情，你还认为那儿是家吗?对名人来说，那儿是故居；对一般的百姓来讲，只能说曾在那儿住过，那儿已不再是家了。

家是什么?1983年，发生在卢旺达的一个真实的故事，也许能给家做一个贴切的注解。

卢旺达内战期间，有一个叫热拉尔的人，37岁，他的一家有40口人，父亲、兄弟、姐妹、妻儿几乎全部离散丧生。最后，绝望的热拉尔打听到5岁的小女儿还活着，辗转数地，冒着生命危险找到了自己的亲生骨肉后，他悲喜交集，将女儿紧紧搂在怀里，第一句话就是：“我又有家了。”

在这个世界上，家是一个充满亲情的地方，它有时在竹篱茅舍，有时在高屋华堂，有时也在无家可归的人群中。没有亲情的人和被爱遗忘的人，才是真正没有家的人。

[书外人语] 家是亲人和亲情，不是你居住的大房子。

妻子最美的时候

|雨 晴

丈夫是很勤快、很厚道的一个人，也很爱她，常称赞她温柔贤慧、善良正派。然而，她不满足也不踏实，觉得这并不足以作为爱的证明，每个女人都希望别人把她当成大美人。虽然她知道自己并不美。终于有一天，她很不甘心地问丈夫："难道你就从来没有觉得我有美丽的时候？"问完，她忽然很害怕，她怕丈夫的回答会让她失望。

"当然有。"丈夫沉吟了片刻，回答说，"你每次洗完头，将披散的长发向后一甩，这个动作很美；每次上街，你走累了，便会轻轻地靠住我，这时你表情很美很乖；在外面吃饭时，满桌的人都大嚼大咽，只有你小口小口的，那么克制，那么优雅，真美；你最美丽的时候，是在周末的夜晚，朦胧的灯光下，你双颊潮红，两眼发亮……"

女人真的是很满足很陶醉。在问这话之前，她设想过丈夫的许多回答，说她奶孩子时最美，说她孝敬父母时最美，说她带学生春游时最美，这些回答都会让她觉得遗憾。这些只是作为母亲的美丽，作为女儿的美丽，作为老师的美丽，而不是纯粹作为女人的美丽。丈夫不落俗套的回答，让她真正明白了，即使是个相貌平平的女子，也总会有美丽的时候。一句话，一个表情，一个动作，有时是一刹那，但男人发现了，心动了，记住了。

女人相信这才是爱，并由此感到一种从未有过的安全与踏实。

[书外人语] 夫妻之间，有爱才有"美"，有"美"也可能会产生爱，但没有爱，"美"很快就不会存在了。

腾出那只手

王国华

和女友一块儿去逛商店，买了一大包东西，由我拎着，女友专心地挑选。回来的时候，在路口看到一个卖西瓜的小摊，问问价钱，还挺合理，女友想买，我说别买了吧，你看我都快拎不动了。女友说，没关系，我来拎一点。

一个西瓜有七八斤重，我用左手拎着，其他所有买来的东西加在一起也有四五斤重，女友用右手拎着，当时我们都没有想到由我用两只手来拎。当两个人很自然地把空着的手拉在一起的时候，我们才猛然意识到，我们让一只手承受全部的重量，原来是为了腾出另一只手来相牵相伴！

听过这样一个故事，一个远居国外的男人，到邮局去给他的妻子拍电报，全文是：“亲爱的妻，我在国外很想你，祝你圣诞节快乐！”当他掏钱付款时，发现身上带的钱差一点。于是他对邮局的小姐说，为了省钱，我可不可以去掉几个不必要的字？小姐说可以。但当她接过那丈夫删改过的电文时，发现去掉了“亲爱的”三个字。于是邮局那个小姐说：“先生，你还是把‘亲爱的’三个字添上吧，钱由我来付。你不知道，这三个字对一个女人来说有多重要！”

我一直深深感动于这个故事的平淡和深情。当我每天都用腾出的那只手牵住爱人的手时，我并没有感到自己身上增加了什么，但当我那只手骤然抓空时，我会觉得失去了很多很多……

[书外人语] 不可否认，鲜花攻势，名牌礼物等确实是爱的表现方式，但你可知道，最真挚的最真实的爱就在生活最平凡的小事中。

征　　服

|阿　洁

有一劫犯在抢劫银行时被警察包围，无路可退。情急之下，劫犯顺手从人群中拉过一人当人质。他用枪顶着人质的头部，威胁警察不要走近，并且喝令人质要听从他的命令。

警察四散包围，但不敢上前。劫犯挟持人质向外突围，突然，人质大声呻吟起来。劫犯忙喝令人质住口，但人质的呻吟声越来越大，最后竟然成了痛苦的呐喊。

劫犯慌乱之中才注意到人质原来是一个孕妇，她痛苦的声音和表情证明她在极度惊吓之下马上要生产。鲜血已经染红了孕妇的衣服，情况十分危急。

一边是漫长无期的牢狱之灾，一边是一条即将出生的生命。劫犯犹豫了，选择一个便意味着放弃另一个，而每一个选择都是无比艰难的。四周的人群，包括警察在内都注视着劫犯的一举一动，因为劫犯目前的选择是一场良心、道德与金钱、罪恶的较量。

终于，劫犯缓缓举起了枪——他将枪扔在了地上，随即举起了双手。警察一拥而上。围观者竟然响起了掌声。

孕妇已不能自持，众人要送她去医院。已戴上手铐的劫犯忽然说："请等一等，好吗？我是医生！"警察迟疑了一下，劫犯继续说，"孕妇已无法坚持到医院，随时会有生命危险，请相信我！"警察终于打开了劫犯的手铐。

一声洪亮的啼哭声惊动了所有听到它的人，人们高呼万岁，相互拥抱。劫犯双手沾满鲜血——是一个崭新生命的鲜血，而不是罪恶的鲜血。他的脸上挂着职业的满足和微笑。人们向他致意，忘了他是一个劫犯。

警察将手铐戴在他手上，他说："谢谢你们让我尽了一个医生的职责。这个小生命是我从医以来第一个从我枪口下出生的婴儿，他的勇敢征服了我。我现在希望自己不是劫犯，而是一名救死扶伤的医生。"

有时罪恶会被一个幼小的生命征服，不是因为他强大和伟大，而是仅仅在于他是一个需要生存权利的生命而已。生命的征服就是如此简单。

这是一个绝对真实的故事，它发生在美国的洛杉矶市，时间是1999年7月25日。

[书外人语] 人心底都有一些很纯洁的东西，也许就是常说的"天良"吧，只不过许多时候它们都会被各种欲望埋没了。

可依靠的人

张丽钧

郭老师高烧不退。透视发现胸部有一个拳头大小的阴影，怀疑是肿瘤。

同事们纷纷去医院探视。回来的人说：有一个女的，叫王端，特地从北京赶到唐山来看郭老师，不知是郭老师的什么人。又有人说：那个叫王端的可真够意思，一天到晚守在郭老师的病床前，喂水喂药端便盆，看样子跟郭老师可不是一般关系呀。就这样，去医院探视的人几乎每天都能带来一些关于王端的花絮，不是说她头碰头给郭老师试体温，就是说她背着人默默流泪，更有人讲了一件令人不可思议的奇事，说郭老师和王瑞一人拿着一根筷子敲饭盒玩，王端敲几下，郭老师就敲几下，敲着敲着，两个人就神经兮兮地又哭又笑。心细的人还发现，对于王端和郭老师之间所发生的一切，郭老师爱人居然没有表现出一丝一毫的醋意。于是，就有人毫不掩饰地艳羡起郭老师的"齐人之福"来。

十几天后，郭老师的病得到了确诊，肿瘤的说法被排除。不久，郭老师就喜气洋洋地回来上班了。有人问起了王端的事。

郭老师说：王端是我以前的邻居。大地震的时候，王端被埋在了废墟下面，大块的楼板在上面一层层压着，王端在下面哭。邻居们找来木棒铁棍撬那楼板，可说什么也撬不动，就说等着用吊车吊吧。王端在下面哭得嗓子都哑了——她怕呀。她父母的尸体就在她的身边。天黑了，人们纷纷谣传大地要塌陷，于是就都抢着去占铁轨。只有我没动。我家就活着出来了我一个人，我把王端看成了可依靠的人，就像王端依靠我一样，我对着楼板的空隙冲下面喊：王端，天黑了，我在上面跟你做伴，你不要怕呀……现在，咱俩一人找一块砖头，你在下面敲，我在上面敲，你敲几下，我就敲几下——好，开始吧。她敲当当，我便也敲当当，她敲当当当，我便也敲当当当……渐渐地，下面的声音弱了，断了，我也眯眯瞪瞪地睡去。不知过了多长时间，下面的敲击声又突然响起，我慌忙捡起一块砖头，回应着那求救般的声音，王端颤颤地喊着我的名字，激动得哭起来。第二天，吊车来了，王端得救了——那一年，王端11岁，我19岁。

女同事们鼻子有些酸，男同事们一声不吭地抽烟。在这一份莹洁无瑕的生死情谊面前，人们为一粒从自己庸常的心空无端飘落下来的尘埃而感到汗颜，也就在这短短一瞬间，大家倏然明了，生活本身比所有挖空心思的浪漫揣想都更迷人。

[书外人语] 生活中确实有庸俗的成分，但你不能将生活庸俗化。

学会宽容

|李忠东

不久前，读过一则感人肺腑的故事。

病房静悄悄，奄奄一息的丈夫躺在病床上。在即将离开这个世界的时候，病危的老人把自己瘦骨嶙峋的手伸给了坐在床边的妻子。她满头白发，浊泪涟涟。此时的丈夫心潮澎湃，不能自已。他衷心地感谢妻子五十多年来对自己关怀备至，体贴有加。面对即将结束的人生，为了报答妻子的真挚感情，也使自己的灵魂得到解脱，老人要向她公开一个深深埋在心底达半个世纪之久的爱的秘密。

而妻子呢，她用苍老的手轻轻地按着丈夫的嘴唇，十分动情地说："现在，我真的不想听什么别的爱的秘密。我只知道，对于我们而言，真正的爱的秘密是在如此广阔的世界里有缘相识、相知和相爱，在漫长的岁月中有幸相逢、相契和相依，在风风雨雨里能够相容、相扶和相携。"

听完这番话，丈夫感动得老泪纵横。那个爱的秘密多年来使他受到痛苦的折磨，让他的灵魂无法得到安宁。而当自己下决心要把它毫无保留地向最爱的人和盘托出时，对方却以理解和宽容淡然处之。老人终于得到了最大的安慰，带着那个爱的秘密安详地告别了这个世界。

妻子大度厚道，拥有耐心，珍惜婚姻。可不是吗，既然自己已经得到了人世间最真挚的爱情，还有什么别的爱的秘密能够与之相提并论呢?即使拥有秘密的人要把秘密作为一件"礼物"馈赠给自己，这件"礼物"又怎么和更珍贵千百倍的婚姻相比呢?

[书外人语] 凡事不可能完美无缺，但那一丝一点的不和谐与你所拥有的美丽相比较，有什么不能释怀呢?

爱的考核

|张玉庭

南方一家幼儿园公开招聘园长，由于待遇极优厚，一时间报名者众，其中甚至包括专攻幼儿心理的女研究生和多名早已有了职业和稳定收入的女大学生，但经过考试，最终被录取的却不是她们，而是一个扎着小辫儿的极文静的姑娘——她叫雯雯。

请看最后一轮面试吧！面试试场在二楼，楼梯拐角处有个脏兮兮的小男孩儿，拖着鼻涕，正站在那里泪汪汪地等着什么，当众多的应聘者穿过长长的楼梯去面试时，只有雯雯一个停了下来，她不仅掏出手帕给孩子擦了擦鼻涕，还亲切地说了一句："小弟弟别哭，是不是找不着妈妈了？别哭，等我一会儿，姐姐去去就来，带你找妈妈！"

请再注意后来的情节：面试之后，众多的应聘者都匆匆下楼，视若无睹，惟有雯雯把脏兮兮的小男该抱了起来，那么亲切地哄他，那么认真地给他唱歌，那么投入地给他讲故事——而这一切，被早已架设好的摄像机全都拍了下来！

天！应聘者谁也没有发现，这个小男孩儿，原来是幼儿园方面专门安排的！

自然，当园方宣布被录用者是雯雯并播放了刚才的录像时，所有的报考者都羞愧地低下了头——她们显然已恍然大悟，自己被淘汰乃是一种必然！因为她们尽管知识渊博、修养深厚，却恰恰缺少了一种叫做"爱"的东西。

[书外人语] 对需要关怀照顾的孩子而言，爱心比任何知识都重要。

孔雀的悲哀

|紫浣花

正在上班，朋友突然神秘地说:“做一个心理小测验如何?”说吧，我好奇心顿起。

有五种动物，听好了，老虎、猴子、孔雀、大象、狗，你到一个从未去过的原始森林探险，带着这五种动物，四周环境危险重重，你不可能都将它们带到最后，你不得不一一地放弃。你会按着什么样的顺序放弃呢?

考虑良久之后我说：孔雀、老虎、狗、猴子、大象。哈哈哈……朋友大笑起来说：果然不出所料，你也首先放弃孔雀。知道孔雀意味着什么吗?朋友一一向我解释：孔雀代表你的伴侣、爱人；老虎代表你对金钱和权力的欲望；大象代表你的父母；狗代表你的朋友；猴子代表你的子女。

这个问题的答案意味着在困苦的环境中你会首先放弃什么，让你看看你自己是什么样的人。

孔雀代表我的爱人?我一下惊呆了。在困苦的环境中我会最先放弃我的爱人?我是这样的人吗?在选择中，我为什么首先放弃孔雀呢?因为我觉得孔雀是在艰苦的环境中最不能帮助我的东西。

我对朋友的评价很不以为然。于是开始让许多人来做这个游戏。正像朋友说的那句话，无一例外首先放弃的都是孔雀。当我最后揭示答案，许多人的反应也正像我的反应一样。甚至有人说：设计这个游戏的人，一定心理不太正常。

有一天我给一位朋友打电话的时候突然想起了这个问题，于是也让他做。这个男人考虑很久之后对我说：猴子，老虎，大象，狗，孔雀。我大吃一惊，他是我遇到的惟一一个最后选择放弃孔雀的人。

为什么最后放弃孔雀?我一个劲地追问。他对我的问题倒吃了一惊，说：是啊，你想想，在这所有的动物中，惟有孔雀是最没有保护自己的能力的，我怎么能轻易放弃，让她陷身于一个危险的环境中呢?

我顿时明白了我的悲哀。在我们选择的过程中，我们太多地考虑了别人对我们的付出，而没有想到别人需要我们什么样的付出。

[书外人语] 类似的游戏测验我们可能都做过一些，也许这些游戏并不科学严密，但它也许会真的测验出一些不易觉察的东西呢。

总有可爱之处

〔美〕托尼·勘波罗

数年前看过L·汉斯贝里的一出戏《阳光下的葡萄干》，其中一段至今难忘。戏中，一个非裔美籍家庭从他们父亲的人寿保险中获得了一万美元。母亲认为这笔遗产是个大好机会，可以让全家搬离哈林贫民区，住进乡间一栋有园子可种花的房子。聪明的女儿则想利用这笔钱去实现念医学院的梦想。

然而大儿子提出一个难以拒绝的要求。他乞求获得这笔钱，好让他和“朋友”一起开创事业。他告诉家人，这笔钱可以使他功成名就，并让家人生活好转。他答应只要取得这笔钱，他将补偿家人多年来忍受的贫困

母亲虽感到不妥，还是把钱交给了儿子。她承认他从未有过这样的机会，他配获得这笔钱的使用权。

不难想像，他的“朋友”很快带着钱逃之夭夭。失望的儿子只好带着坏消息，告诉家人未来的理想已被偷窃，美好生活的梦想也成为过

去。妹妹用各种难听的话讥讽他，用每一个想得出来的字眼儿来责骂他。她对兄长生出无限的鄙视。

当她骂得差不多时，母亲插嘴说：“我曾教你要爱他。”

女儿说:“爱他?他已没有可爱之处。”

母亲回答:“总有可爱之处。你若不学会这一点，就什么也没学会，你为他掉过泪吗?我不是说为了一家人失去了那笔钱，而是为他，为他所经历的一切及他的遭遇。孩子，你想什么时候最应该去爱人：当他们把事情做好，让人感到舒畅的时候?若是那样，你还没有学会，因为那还不到时候。不，应当在他们最消沉，不再信任自己，受尽环境折磨的时候。孩子，衡量别人时，要用中肯的态度，要明白他走过了多少高山低谷，才成为这样的人。”

那是恩典！是本来不配得到的爱，而非赚来的宽恕，是如同清新溪流般泻下，浇熄愤怒指责的恩赐。

[书外人语] 人总要在挫折中学会坚强，学会宽容，学会爱与成长！

知道我多么爱你

[美] 罗伯特·罗杰斯

我的祖父和祖母结婚已逾半个世纪，然而多少年来，他们彼此间不倦地玩着一个特殊的游戏：在一个意想不到的地方写下“Shmily”这个词留待对方来发现。他们轮换着在屋前房后留下“Shmily”，一经对方发现，就开始新的一轮。

他们用手指在糖罐和面箱里写下“Shmily”，等着准备下一餐饭的对方来发现；他们在覆着霜花的玻璃上写下“Shmily”；一次又一次的热水澡后，总可以看见雾气蒙罩的镜子上留下的“Shmily”。

有时，祖母甚至会重卷一整卷卫生纸，只为了在最后一片纸上写下“Shmily”。

没有“Shmily”不可能出现的地方。仓促间涂写的“Shmily”会出现在汽车坐垫上，或是一张贴在方向盘轴心的小纸条上。这一类的字条还会被塞进鞋子里或是压在枕下。“Shmily”会被书写在壁炉台面的薄尘上，或是勾画在炉内的灰底上。这个神秘的词，像祖父母的家具一样成了他们房间的一部分。

直到很久以后，我才能完全理解祖父母之间游戏的意义。年轻使我不懂得爱——那种纯洁且历久弥坚的爱。然而，我从未怀疑过祖父母之间的感情。他们彼此深爱。他们的小游戏已远非调情消遣，那是一种生活方式。他们之间的感情是基于一种深挚的爱和献身精神，不是每一个人都能体验到的。

祖父和祖母一有机会就彼此执手相握。他们在小厨房里错身而过时偷吻；他们说完彼此的半截句子；他们一起玩拼字和字谜游戏。祖母常忘情地对我耳语祖父有多可爱迷人，依然还是那么帅气。她骄傲地宣称自己的确懂得“如何选择”。每次餐前他们垂首祈祷时，感谢他们受到的诸多福佑：一个幸福的家庭、好运道和拥有彼此。

可是一片乌云遮蔽了祖父母的家：祖母的癌恶化了。首次发现是在10年前。跟以往一样，祖父总是跟祖母肩并肩地走过人生艰难之旅的每一步。为了安慰祖母，祖父将他们的卧房喷涂成黄色，这样在祖母病重不能出屋时，亦能感到周围的阳光。

起先，在祖父坚实的手臂和拐杖的帮扶下，他们每天清晨一起去教堂散步和默祷。但随着祖母日见瘦弱，终于，祖父只能独自去教堂，祈求上帝看顾他的妻子。

然而那一天，我们担心忧惧的事终于还是发生了，祖母去了。

“Shmily”写在祖母葬礼上花束的黄色缎带上。当人群散去，叔伯、姑姑和其他的家庭成员又走上前来最后一次围聚在祖母身旁，祖父步向祖母的灵柩，用颤抖的声音轻轻地唱起“知道我有多么爱你……”透过悲伤的泪，这歌声低沉轻柔地飘入耳来……

我终于明白了他们特殊小游戏的意义“S-h-m-i-l-y”:“See how much I love you(知道我多么爱你)”。

因悲伤而颤栗着，我永远无法忘记那一刻，这个令人震撼的发现。谢谢你们，祖父祖母，教我懂得了爱。

[书外人语] 这个“Shmily”游戏是一种建立在真实生活上的浪漫情调，也是一种用人生全程做出的承诺。

第五辑

【成功细节】

非常之举

|项 乾

1993年夏，我大学毕业开始求职，但西安城之大，竟没有我的容身之地，一无关系二无技术之长的中文系毕业的我很快就沦落为一个四处打零工、三餐不继的流浪汉。

那年的9月27日是我一生中最值得牢记的日子，那一天我弹尽粮绝，而我的人生转折点也从此开始。

那个阳光和煦的午后，我在大街上漫无目的地走着，路过一家大酒楼时，我停住了。有多久了，我不曾吃过一顿有酒有菜的饱饭，光亮整洁的餐桌，美味可口的佳肴，还有服务小姐温和礼貌的问候，这一切离我多么遥远，却又令我多么向往。

我心中忽然升起一股不顾一切的勇气，推开门走了进去，选一张靠窗的桌子坐下，然后从容地点菜。我没敢太无所顾忌，只简单要了一份鱼香肉丝和一份扬州炒饭，想了想，又要了一瓶汉斯啤酒，我看着窗外来来往往的行人，忽然心里十分宁静。

吃过饭，我将剩下的酒一饮而尽，借酒壮胆，努力做出镇定的样子对服务员说：“麻烦你请经理出来一下，我有事找他谈。”

经理很快出来了，是个五十开外的中年人。我问他:“你们要雇人吗?我来打工行不行?”

他显然愣了:“怎么想到这里来打工呢?”

我恳切地回答:“我刚才吃得很饱，我希望每天都能吃饱。我已经没有一分钱了，如果你不雇我，我就没办法还你的饭钱了。如果你可以让我来这里打工，那就有机会从我的工资中扣除今天的饭钱。”

他忍不住笑了，打个手势向服务员要来我的点菜单看了看说:“你并不贪心，看来真的只是为了吃饱饭。这样吧，你先写个简历给林经理，看看她可以给你安排个什么工作。

此后我开始了在这家酒店的打工生涯，历尽磨难，我从办公室文秘做到西餐部经理又做到酒店副总经理。再后来，我集资开起了自己的酒店。

[书外人语] 置之死地而后生。非常时期，人是要有点非常思维和非常勇气的。

试题的秘密

|刘 磊

这群年轻人都是经过了多次筛选的佼佼者，现在，他们正面临着最后的考验——一场定时10分钟的考试。谁通过了，便可进入这家著名的大公司工作。

试卷共30道题，面宽而量广，这完全出乎大家意料。嗬，这么多题，10分钟时间委实太急促了。许多人一拿到试卷便半秒也不肯耽搁慌忙抢做，全然不顾监考官“请大家先将试卷浏览一遍再答题”的忠告。

试卷在10分钟后悉数收齐，总经理亲自批阅，从中挑出6份试卷。这6份卷面有一共同特点，即1至28题全都未做，仅回答了最后两个问题。而其他试卷上的答题情况则好得多，做了前面不少题目，最多的做了12题。

公司录用的竟然是那6个仅答了最后两道题的年轻人——原来秘密就藏在第28题中，它的内容是：

前面各题均无须回答，只要求做好最后两题。

［书外人语］能在多次遴选中胜出，学问已没什么问题了。这场考试是要测试学问以外的东西，沉着、冷静、机智、灵活，都是一流人才必备的素质。

价值3.5万美元的观念

曾经有一位管理专家李艾米去拜访伯利恒钢铁公司的总裁查理•施瓦伯先生。李艾米表示，让他与公司每位经理谈15分钟，他即可改善公司的效率，增加公司的销售额。

施瓦伯问:“这要花多少钱?”

李艾米说:“你不用马上给我钱，等你认为有效果了，你觉得该值多少钱，寄张支票给我就行了。”

施瓦伯同意了。于是李艾米与每位经理都谈了15分钟，谈话的内容很简单，专家只要求他们在每日终了时，将次日需完成的6件最重要的工作写下来，并依重要性顺序编号。次日早晨从表上的第一件工作开始，每完成一项便将它从表上划去；若有当日未完成的工作，则必须列入次日的表中。每位经理须切实执行三个月。

三个月后，查理•施瓦伯送了一张3.5万美元的支票给李艾米，这是他认为值得为此观念付出的代价。

［书外人语］这个观念既然对查理·施瓦伯价值3.5万美元，为什么不值得你去一试呢?

忍受极限

林 夕

一位年轻人毕业后被分配到一个海上油田钻井队。在海上工作的第一天，领班要求他在限定的时间内登上几十米高的钻井架，把一个包装好的漂亮盒子送到最顶层的主管手里。他拿着盒子快步登上高高的狭窄的舷梯，气喘吁吁、满头是汗地登上顶层，把盒子交给主管。主管只在上面签下自己的名字，就让他送回去。他又快跑下舷梯，把盒子交给领班，领班也同样在上面签下自己的名字，让他再送给主管。

他看了看领班，犹豫了一下，又转身登上舷梯。当他第二次登上顶层把盒子交给主管时，浑身是汗两腿发颤，主管却和上次一样，在盒子上签下名字，让他把盒子再送回去。他擦擦脸上的汗水，转身走向舷梯，把盒子送下来，领班签完字，让他再送上去。

这时他有些愤怒了，他看看领班平静的脸，尽力忍着不发作，又拿起盒子艰难地一个台阶一个台阶地往上爬。当他上到最顶层时，浑身上下都湿透了，他第三次把盒子递给主管，主管看着他，傲慢地说："把盒子打开。"他撕开外面的包装纸，打开盒子，里面是两个玻璃罐，一罐咖啡，一罐咖啡伴侣。他愤怒地抬起头，双眼喷着怒火，射向主管。

主管又对他说："把咖啡冲上。"年轻人再也忍不住了，"叭"地一下把盒子扔在地上："我不干了!"说完，他看看倒在地上的盒子，感到心里痛快了许多，刚才的愤怒全释放了出来。

这时，这位傲慢的主管站起身来，直视他说："刚才让您做的这些，叫做承受极限训练，因为我们在海上作业，随时会遇到危险，就要求队员身上一定要有极强的承受力，承受各种危险的考验，才能完成海上作业任务。可惜，前面三次你都通过了，只差最后一点点，你没有喝到自己冲的甜咖啡。现在，你可以走了。"

承受是痛苦的，它压抑了人性本身的快乐，但是成功，往往就是在你承受常人承受不了的痛苦之后，才会在某个方面有所突破，实现最初的梦想。可惜，许多时候，我们总是差那一点点……

[书外人语] 吃得苦中苦，方为人上人。忍常人之所不能，方能成就别人之所不能。

自　律

| 王国华

在美国一所大学的日文班里，突然出现了一个五十多岁的老太太。开始时大家并没感到奇怪。在这个国度里，人人都可以挑自己开心的事做。可过了不长时间，年轻人们发现这个老太太并非是退休之后为填补空虚才来这里的。每天清晨她总是最早来到教室，温习功课，认真地跟着老师阅读。老师提问时她也会出一脑袋汗。她的笔记记得工工整整。不久年轻人们就纷纷借她的笔记来做参考。每次考试前老太太更是紧张兮兮地复习、补缺。

有一天，老教授对年轻人们说："做父母的一定要自律才能教育好孩子，你们可以问问这位令人尊敬的女士，她一定有一群有教养的孩子。"

一打听，果然，这位老太太叫朱木兰，她的女儿是美国第一位华裔女部长——赵小兰。

[书外人语] 父母身上的优缺点很多会"遗传"给子女，要管好孩子，得先管好自己。

诚　　实

日本大企业家小池曾说过：做人做生意都一样，第一要诀就是诚实。诚实就像树木的根，如果没有根，那么树木也就没有生命了。

小池自身的成功也证明了这一点。

小池出身贫寒，20岁时在一家机器公司当推销员。有一个时期，他推销机器非常顺利，半个月内就同33位顾客做成了生意。之后，他突然发现他现在所卖的这种机器比别家公司生产的同样性能的机器贵一些。他想：如果客户知道了，一定以为我在欺骗他们，会对自己的信用产生怀疑。于是深感不安的小池立即带着合约书和订单，整整花了三天的时间，逐户拜访客户，如实向客户说明情况，并请客户重新考虑选择。

这种诚实的做法使每个客户都很受感动。结果，33人中没有一个解除合约，反而成了更加忠实的客户。

[书外人语] 如果你在一件小事上骗了我，那么我就会对你整个人产生不信任；如果你的一个产品有问题，那么你的全部产品都会受到怀疑。

耕种自己的田

杨望远

曾是美国首富的石油大亨保罗·盖蒂，年轻时家境并不好，守着一大片收成很差的旱田，有时挖水井时，会冒出黑浓的液体，后来才知道是石油。

于是水井变油井，旱田变油田，雇工开采起石油来。

保罗•盖蒂没事便到各油井去巡视，每次都看到浪费和闲人，他就把工头找来，要求他消除这些问题。然而，下次再去，浪费、闲人如故。

保罗•盖蒂百思不得其解：为何我不常来，都看得出浪费和闲人，而那些工头天天在此，却视而不见？而我再三告知，却始终不见改善？

后来，保罗•盖蒂遇到了一位管理专家，便向他请教。

专家只一句话，便点醒了保罗•盖蒂。他说："那是你自己的油田。"

保罗•盖蒂醒悟了，立即召来各工头，向他们宣布："从此油井交给各位负责经营，收益的25%由各位全权分配。"

此后，保罗•盖蒂再到各油井去巡视，发现不仅浪费、闲人绝迹，而且产出大幅增加。于是他也依约行事。

由于如此高效率经营，他才未在后来一波波的兼并中被并购反而更多兼并了别的经营不善的油井，形成了自己的石油王国。

仔细想想，企业经营亦无什么奥秘，只要每位员工肯努力耕种"自己的田"，则丰收可期。

但是，凭什么让员工觉得不只是"为人作嫁"，而真正感受努力与报酬成正比呢？

除了分红入股之外（事实上许多企业，不论上市与否，实施多年，少有成效），恐怕须借助一套公平合理的高效管理体系，让高层、中层、基层皆能看到，并得到各自的努力目标及成果，较诸画饼充饥或只分到些芝麻粒，更具激励性。

[书外人语] 如何化解老板与雇员之间的利益冲突，是古今中外永恒的问题，比较有效的办法就是让员工"种自己的田，给自己干活"。

这就辞职

|崔 浩

本田宗一郎是日本著名的本田车系的创始人。他对日本汽车和摩托车业的发展作出了巨大的贡献，曾获日本天皇颁发的“一等瑞宝勋章”。在日本乃至整个世界的汽车制造业里，本田宗一郎可谓是一个很有影响的重量级人物。

但没有人是十全十美的。1965年，在本田技术研究所内部，人们为汽车内燃机是采用“水冷”还是“气冷”发生了激烈争论。本田是“气冷”的支持者，所以新开发出来的N360小轿车采用的都是“气冷”式内燃机。

1968年在法国举行的一级方程式冠军赛上，一名车手驾驶本田公司的“气冷”式赛车参赛。在跑至第三圈时由于速度过快导致赛车失控，赛车撞到围墙上后油箱爆炸，车手被烧死。此事引起了本田“气冷”式N360汽车的销量大减。技术人员要求研究“水冷”式，仍被本田拒绝。一气之下，几名主要技术人员准备辞职。

本田公司的副社长藤泽感到事态严重，就打电话给本田本人:“您觉得您在公司是当社长重要，还是当一名技术人员重要?”本田在惊讶之余回答:“当然是当社长重要。”

藤泽毫不留情地说:“那就同意他们去搞水冷引擎。”本田省悟过来，毫不犹豫地说:“好吧!”后来几个主要技术人员开发出适应市场的产品而使公司的销售量大增。这几个当初想辞职的技术人员均被本田委以重任。

1971年，本田公司步入了良性发展的轨道。一天，公司的一名中层管理人员西田与本田交谈时说:“我认为公司中层领导都已成长起来，您是否考虑一下该培养接班人了?”西田的话很含蓄，但却表明了要本田

辞职的意愿。

本田一听，连连称是:“您说得对，不提醒我倒还忘了，确实该退下来了，不如今天就辞职吧！”由于涉及到移交手续问题，几个月后本田便把董事长的位子让给了河岛喜好。

一个人无论地位多高或者拥有多么巨大的成就，都不可避免地会犯这样或那样的错误，能够虚心听取下属与自己主张相反的意见；当下属提出要求让自己辞职时不会认为下属有夺位之嫌，这两件小事就足以决定本田人生境界的高尚。

[书外人语] 每个人都会过时，由昨日的先锋、权威成为今日的不合时宜，这并不可怕，可怕的是你仍以昨日的感觉坐在位子上发号施令。

俄罗斯套娃

奥吉瓦尼·玛斯广告公司的创始人大卫·奥吉瓦尼，每当公司新进一位高层管理人时，他都要赠送给这位管理人员一套俄罗斯套娃。收到这种礼品的员工刚开始都不解其意：老板为什么要送这个呢?

这组套娃是由五个由大到小的木娃娃套在一起的，旋开最外边的大的，发现里边还套着一个小一号的，再打开，又是一个更小的，及至第五个，里边放着奥吉瓦尼写的一张纸条：

倘若我们每个人所重用的人都比我们矮，我们的公司就会变成小矮人公司；倘若每个人所重用的人都比我们高，我们的公司就会成为巨人公司。

事实上，也正如大卫·奥吉瓦尼所希望的那样，这家广告公司成了世界上最大，也是最受人尊敬的广告公司之一。

[书外人语] 老板用人的胸怀有多宽广，公司的前景就会有多宽广，反之，亦然。

温柔的赠送

|雨 丝

台湾一家美容院在报纸上登广告说:“从今天开始，凡是到本店来洗头都赠送一大瓶洗发精。”一瓶洗发精大概是600元新台币，这家美容院要求赠送之后这瓶洗发精就摆在店里，同时为顾客贴上标签、写上名字，以后每一次到店里洗头就可以用属于自己的这瓶洗发精，而且因为是使用自己的洗发精，所以洗头的费用也降低10%。

一大瓶洗发精大约可以使用40次，每一次洗头是180块钱左右，美容院因此就可以在一位顾客身上收入7200元钱，而一大瓶洗发精平均进货成本是300元左右，这样算来，经营成效不但大大增加，而且固定了消费群体，还把其他店的顾客也吸引到这个店里来了。而消费者一算，这样很划得来。于是这家美容院从此顾客盈门，生意十分红火，实际上在目前台湾的一些美容院里直到今天还在使用这一方式吸引顾客。

[书外人语] 这瓶洗发精真可说是一个香喷喷的“鱼饵”，消费者“吃”得心甘情愿而且要40次才能“吃”完，高明。

锯掉“椅背”

赵功强

克罗克是美国颇负盛名的麦克唐纳公司的老总。有一段时间，公司出现严重亏损。克罗克发现其中一个重要原因就是公司各职能部门经理总是习惯于靠在舒适的椅背上指手画脚，把许多宝贵时间耗费在抽烟和闲聊上。于是，他派人将所有经理的椅背都锯掉了，逼他们离开了舒适的椅子。开始，经理们不解、不满。不久，他们悟出了克氏的良苦用心，于是纷纷深入基层实地调查、处理问题。他们的行动影响和带动了全体员工，公司短期内就扭亏为盈。

椅背锯掉了，惰性的温床便不复存在，人的活力与创造力被激发，公司效益随即扶摇直上。这一良性循环的规律同样也适用于商业之外的其他领域，尤其是人生奋斗。

上帝是公平的。因此，每个人都拥有一份弥足珍贵的馈赠。比如健康、美貌、学识、才智、人缘、机遇，甚至是足以倚仗的祖荫，它们在你迈向人生辉煌的过程中既发挥着助推器的作用，又不可避免地显露出“椅背”的诱惑。若人性的弱点稍占上风，我们就可能轻易失去一张或几张成功的“王牌”。

影片《狮子王》原本只是一部童话体裁的动画片，却受到包括无数成人在内的众多观众的赞誉，原因就在于它那关于锯掉“椅背”的深刻主题。影片中，狮王辛巴很小时因父王死于叔父篡权的阴谋而失去了父爱和王位这两个“椅背”，而它正是在无所依赖的境况下，获得了超常的生存、斗争的能力，最终除掉了仇敌。辛巴的奋斗史震撼了每一个不甘被优势销蚀激情与斗志的灵魂。

世上没有绝对的优势，没有一劳永逸的“椅背”。惟有时时保持清醒认识，不忘自我加压，主动而果决地锯掉种种“椅背”，我们的人生才能“扭亏为盈”或者锦上添花。

［书外人语］人难免有惰性和依赖心理，但自身又往往很难察觉意识到，只有当境遇大变，“把你逼到那份儿上”时，才知道早该锯掉“椅背”。

文凭只看三个月

|士　心

有一家大公司的总经理对前来应聘的大学毕业生说：“你的文凭代表你应有的文化程度，它的价值，会体现在你的底薪上，但有效期只有3个月。要想在我这里干下去，就必须知道你该学些什么东西。如果不知道该学些什么新东西，你的文凭在我这里就会失效。”

企业招聘人才，文凭是敲门砖，进门之后，悟性才是开锁的钥匙和向上的阶梯。同是学士、硕士、博士，甚至是同校同届同专业，文凭虽相同，但“是骡子是马”，拉出来一遛就见了分晓，同在一个部室，甚至同做一份相近的工作，悟性深浅、敬业精勤与否，则是事业发展和进步的关键。

大学毕业生小方和小安同时被招聘到某公司运输部。小方按部就班，认认真真地完成经理交办的每项工作，没出什么差错，他自己也比较满意。但小安却并没有安于现状，在对客户的分析中，他发现京津冀鲁等地的货物运输近期常有滞期现象，多是由于修路造成。于是，他通过电脑交通网络，对北京周边各交通干线的路况进行了一系列调查摸底，并于每天列出一份动态的路况交通图送给经理参阅。就是这份动态的路况图，对公司的货物运输起了重要的疏导作用，不但缩短了有效运输时间，而且减少了因堵车、绕行而产生的运输费用，受到公司领导的

重视和奖励。当然，3个月后，继续聘用的是善于“用”脑子干的小安。

知识的积累，不应是一种“死积累”，这种积累多了，常常是为积累所累，让人感到“盛名之下，其实难副”，知识的积累，应当是“活”的，融会贯通、活学活用。这本身绝不是一个简单的对号入座就能解决的问题，善悟之人，就是善于把知识用“活”的人。常听有些人说某些学生是“高分低能”，这类学生“死读”的精神虽可嘉，但到了工作岗位上就毫无优势可言，学富五车却无锦囊妙计，因而常常不受重用，四处碰壁。要想活学活用，就要学习一些思维的规律与方式，这叫“开窍”。庄子在《应帝王》篇中讲，要治混沌之人，必须开凿“七窍”。其实，开窍，无非是找到打开思路的钥匙，学一点认识论和辩证法。

[书外人语] 文凭只是一个知识积累的标志，公司用人更看重的是发展潜力与解决实际问题的能力，别拿着高文凭却没饭吃。

柯达的反击

富士与柯达是世界最负盛名的两大胶卷品牌，多少年来，两大公司之间的竞争一刻也没有停止过。

1984年的洛杉矶奥运会前，富士公司为了从柯达公司手中夺取更大市场份额，花了几百万美元，获得了此届奥运会135胶卷的指定产品资格。富士以为仅此一举，就可将柯达排斥在当年最重要的体育活动之外了。很奇怪，他们压根就没有想到柯达会采取反击行动，而是高枕无忧地等待着奥运会的开幕。

柯达公司面对不利处境，没有放弃努力。他们迅速组织专家讨论反

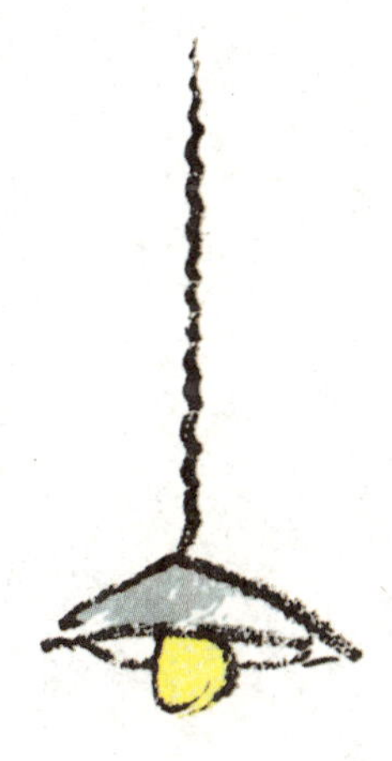

置酒慶歲豐
醉倒嫗與翁

子愷

我醉欲眠君且去
TK

击策略。大家发现，在很多可利用的环节中，很有趣的一点就是，富士公司所谓的“独占性”仅有运动会举办的那两周时间和指定的体育场馆，在其他的时间和地点，富士并没有什么特殊的举动。

柯达公司将宣传的重点放在了奥运会举办前那狂热的6个月中。柯达公司赞助了美国田径队，聘用有可能夺冠的几个热门运动员为其大力宣传，赞助了奥运会田径预选赛，并且使整个洛杉矶充满了柯达的出版物、电视片和张贴广告。

待到夏季奥运会来临时，很多人甚至没有注意到富士公司，反以为是柯达赞助了这届奥运会。

［**书外人语**］富士公司花巨资购买了“唯一指定”的资格，但这种唯一指定也促使他们自己限制了自己的思维。

别让雨下进灵魂里

|凌 非

星期三下午上班的时候，一位气质极好、一看就属白领阶层的青年女子来找我的一位同事。正巧我的同事不在，她留下了姓名。等我的同事回来，我把情况作了汇报，还意犹未尽地说了一通“不去当演员，可惜了”之类的惋惜话。同事笑道:“你怎么知道她没有去当演员?事实上她不仅做过演员，而且还曾与一个非常重要的角色失之交臂过呢。”说着他报出那个角色。我的心里猛然一震：那可是个令一名当年原本无名的女演员一夜之间红得发紫的角色啊!

而她是怎样错过的呢?当时，慧眼识珠的导演挑女主角，挑来挑去，最后只剩下两位候选人：她与日后走红的那位。论外形和气质，非她莫属。然而她脸上几颗隐瞒不了的青春痘造成了导演的犹豫。导演虽然有些犹豫，但还是偏向于她的，不巧这时外界又传出了她与导演有染的谣言。一贯无瑕的她一赌气，退出竞争，旋即又辞职，匆匆地从南边打道回府了。

10年来，她远离机会频频、可以尽展才华的演艺界，竟成了一名普通的白领。偏离了自己真正的轨道，从事着自己并不真心喜欢的职业，其中郁积的遗憾和委屈又岂是一口气能赌掉的?况且，她的婚姻也因之而不幸福。

小时候，我听过一个故事，说的是从前有一个人提着网去打鱼，不巧这时下起了大雨，他一赌气将网撕破了。网撕破了还不够，又因气恼一头栽进了池塘，再也没有爬上来。小时候，我想世上哪有这样的傻子，这一定是个哄人的故事。现在想起来，这个故事还是很有意义的。

下雨不能打鱼，等天晴就是了。

不要让一场雨下进灵魂里，不要让一口气久久不蒸发，从而输掉青春、爱情、可能的辉煌和一伸手就能摘到的幸福。

[书外人语] 任性赌气，其实是对自己的不负责任，何苦呢?

成人之美

第一次登陆月球的太空人其实共有两位，除了大家所熟知的阿姆斯特朗外，还有一位是奥尔德林。当时阿姆斯特朗说过一句话:“我个人的一小步，是全人类的一大步。”这早已是全世界家喻户晓的名言。在庆祝登陆月球成功的记者招待会中，一个记者突然问了奥尔德林一个很特别的问题："阿姆斯特朗先下去，成为登陆月球的第一个人，你会不会觉得有点遗憾?"

在全场有点尴尬的注目下，奥尔德林很有风度地回答："各位，千万别忘了，回到地球时，我可是最先出太空舱的。"他环顾四周笑着说："所以我是由别的星球来到地球的第一个人。"大家在笑声中，都给予他最热烈的掌声。

[书外人语] 在一个成功的团队中，鲜花和掌声不可能均等地分配给所有成员，但如果大家都抢着要去出风头，也许就不会有成功。

以退为进

高林文

一位印度商人带着三幅名家画作到美国出售。有位美国画商看中了这三幅画，便打定主意，不管怎样也要把这三幅画弄到手。印度商人开价250美元，少一元也不卖。这个美国商人也不是商场上的平庸之辈，他一美元也不想多出，便和印度商人讨价还价起来，一时间谈判陷入僵局。

忽然，印度商人怒气冲冲地拿起一幅画就往外走，二话不说就点火把画烧掉。美国画商看着一幅画被烧非常心痛。他小心翼翼地问印度商人剩下的两幅画卖多少钱，想不到印度商人这回要价口气更是强硬，声明少于250美元不卖。少了一幅画，还要250美元，美国商人觉得太委屈，便要求降低价钱。但印度商人不理会这一套，又怒冲冲拿起一幅画点火烧掉。这一回，美国画商大惊失色，只好乞求印度商人不要把最后一幅画烧掉，因为自己实在太爱这幅画了。接着，他又问这最后一幅画多少钱，想不到印度商人张口竟要500美元。

这一回美国画商真急了，只好强忍着怒气问:“一幅画怎么能超过三幅的价钱呢?你这不存心耍人吗?”印度商人回答:“这三幅画出自名画家之手，本来有三幅的时候，还可以相对来说价格低点儿，如今，只剩下一幅了，这回可说是绝世之宝，它的价值已大大超过了三幅画都在的时候。因此，现在我告诉你，如果你真想要买这幅画，最低得出价500美元。”美国画商一脸苦相，没办法，最后只好以此成交。

[书外人语] 有个藏邮家有两枚稀世邮票，应值25万美元，后来他当众毁掉一枚，马上就有人出价100万美元买剩下的那一枚。所谓奇货可居，好像能够批量生产的都不值钱，收藏艺术品千万别买活人的作品，谁知道他还会画出多少来?

永远不晚

孙盛起

日语学习班新一期开学报名时，来了一位老者。“给孩子报名?”登记小姐问。“不，自己。”老人回答，小姐愕然。

老人解释:“儿子在日本找了个媳妇，他们每次回来，说话叽里咕噜，我听着着急。我想能够同他们交流。”“你今年高寿?”小姐问。“68。”“你想听懂他们的话，最少要学两年。可两年以后你都70了!”老人笑吟吟地反问:“姑娘，你以为我如果不学，两年以后就是66吗?”

事情往往如此：我们总以为开始得太晚，因此放弃。殊不知只要开始，就永不为晚。明年我们增加一岁，不论我们走着还是躺着；明年我们同样增加一岁，可有人收获，有人依然空白——差别只在于你是否开始。老人学与不学，两年以后都是七十，差别是：一个能开心地和儿媳交谈，一个依然像木偶一样在旁边呆立。

［书外人语］有了开始，就有成功的希望；没有开始，就永远没有成功的可能。

白　　卷

|王国赋

小城中最大的一家外商独资企业招聘一名技术人员的消息不胫而走：月工资5000元，工资奖金除外，每年还可以到大洋彼岸风光一次。报考者蜂拥而至。

七月流火。树上的叶儿蔫头耷脑。

高工坐在闷罐似的考场里，蒸腾的暑气加上燥热的心情，热汗淋漓，面对考题他并不怵，外文、专业技术类考题都答得十分圆满。惟有第二张考卷的两道怪题令他头疼："您所在的企业或曾任职过的企业经营成功的诀窍是什么?技术秘密是什么?"

这类题对于曾在企业搞过技术的应考者并不难。可高工手中的笔却始终高悬着，捏来攥去，迟迟落不下去。多年的职业道德在约束着他：厂里的数百名职工还在惨淡经营，我怎能为了自己的饭碗而砸大家的饭碗呢?

他心中似翻江倒海，毅然挥笔在考卷上写下4个大字："无可奉告"。

高工拖着沉重的步子向家里移动着，进门后，妻子一再追问，他才道出了答题的苦衷。全家人默默无语。

正当高工连日奔波，另谋职业之际，石破天惊，外商独资企业发来了录用通知。高工技压群雄，白卷夺冠，众议纷纷，成为小城一大新闻。

[书外人语] 这道题考的是人的道德品格和气节，“卖主求荣”的人你敢用吗?

生命中的大石块

|蓝 欣

一天，时间管理专家为一群商学院的学生讲课。

“我们来个小测验。”专家拿出一个一加仑的广口瓶放在桌上。随后，他取出一堆拳头大小的石块，把它们一块块地放进瓶子里，直到石块高出瓶口再也放不下了。他问:“瓶子满了吗?”所有的学生应道:“满了。”他反问:“真的?”说着他从桌下取出一桶砾石，倒了一些进去，并敲击玻璃壁使砾石填满石块间的间隙。“现在瓶子满了吗?”这一次学生有些明白了,“可能还没有。”一位学生应道。“很好!”他伸手从桌下又拿出一桶沙子，把它慢慢倒进玻璃瓶。沙子填满了石块的所有间隙。他又一次问学生:“瓶子满了吗?”“没满!”学生们大声说。然后专家拿过一壶水倒进玻璃瓶直到水面与瓶口齐平。他望着学生，“这个例子说明了什么?”一个学生举手发言:“它告诉我们：无论你的时间表多么紧凑，如果你真的再加把劲，你还可以干更多的事!”

“不。”专家说,“那还不是它的寓意所在。这个例子告诉我们，如果你不先把大石块放进瓶子里，那么你就再也无法把它们放进去了。那么，什么是你生命中的‘大石块’呢?你的信仰、学识、梦想?或是和我一样，传道授业解惑?切切记得先去处理这些‘大石块’，否则你会终生错过了。”

［书外人语］同样的空间，放置东西的先后顺序不同，结局就大相径庭；同样的时间，工作安排的顺序不同，结果也千差万别。最重要的“大石块”一定要排在第一位。

财富跟着爱心来

|小 小

1929年，美国人伊勒·C·哈斯只是位医生，非常的普通。他行医，娶妻，享受天伦之乐；他还热衷于发明创造，且十二分地投入。

好几次，他无意中听到太太在抱怨自己身为女人，有种种的不方便，尤其是每月的那几天……深爱妻子的哈斯医生觉得自己该为妻子做些什么，他放下手头的发明试验，坐到她身边。于是，哈斯夫妇进行了一次亲密无间的谈话。

哈斯医生终于明白了妻子的苦恼，他从生理医学的角度分析了妻子在特殊日子的特别感受，意识到她的不快乐，并非完全缘于生理现象，很大的一个因素，缘于妇女用品的不纤巧不灵活不能随心所欲。他脑海中闪现出经历无数次的外科手术：医生和护士经常用消毒棉和纱布来吸收创口出血。“我能不能给太太也试用一下呢?”哈斯医生一连几天躲在实验室里，他将压缩的医用药棉制造出长短适中的棉条，再用一根棉线贯穿地缝在棉条当中，并用纸管当导管……世界上第一支女性内用卫生棉条，就这样诞生在一个时刻关爱妻子的医生手上。

这项服务于全人类女性的发明，于1933年获得了专利，取名丹碧丝

(TAMPAX)。它首销于美国，如今已被世界上一百多个国家的妇女所接受。这项专利无论带给哈斯医生怎样的财富，哈斯太太一生所感念的，仍是丈夫那颗仁爱之心。

拥有一颗善心，一种爱人的心情，一种为爱甘于付出又能够付出的资质，就是拥有了无与伦比的财富。

人的一生，常常行色匆匆，刻意追赶着一个又一个奋斗目标。有多少人能像哈斯医生那样，放一放手中的工作，在妻儿老小身边停一停脚步，倾听他(她)诉说心思，满足他(她)的愿望?其实，往往我们只顾追求大海，忽略了脚下的江河小溪。而如果我们彼此相亲相爱，相同情，相扶助，天堂般的日子就在大家身边。

[书外人语] 很多发明都是基于爱心以及解决实际生活困难的目的，而不是财富，财富只是创造力的副产品。

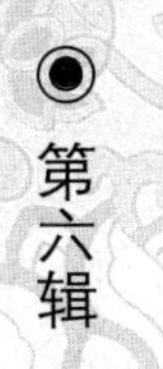

第六辑

【一念之间】

原　　则

|肖　剑

内地的某两个小城市在争抢一笔外商投资。这两个小城市的条件都差不多，位置、交通、资源、劳动力等都难分伯仲。

硬件没有优势，那就只有靠软件了。甲城市的领导决定，在土地使用价格、税收等方面再进一步做出更大的让步，给外商更大的好处。但出乎意料的是，外商最终还是选择了乙城市。

事后，有人不解地问外商。外商解释说：甲城市的条件太过优厚了，他的许诺已然超出了国家政策的范围，不按原则法律办事。这种人情色彩太浓、随意性太强的地方我们不敢去，这是几十年的投资啊。

[书外人语] 今天你可以违反原则给我好处，明天你会无原则地干些什么?天知道。

诚实至上

我永远认为诚实至上，但是对于这条箴言的体会，从来没有像二次世界大战时在训练营中那样亲切。我不大擅长赛跑，所以在越野赛中很快就远落人后，一个人孤零零地跑着。

转了弯，是个岔路口，一条路，标明是军官跑的；另一条路，是士兵跑的小径。我停顿了一下，暗自咒骂做军官有许多便宜可占，但是仍然朝着士兵的小径跑去。

没想到过了半个小时我已到达终点，名列第九。我说一定是他们弄错了，我从未跑过前10名，说实在的，连前50名也没有跑过。主持赛跑的军官笑着说:“今天你不是跑了前10名吗?”

过了好几个钟头，大批人马到了，他们跑得筋疲力尽，看见我们悠闲自在地喝着咖啡，觉得奇怪。那时我们大家才醒悟过来，在岔路口诚实不欺，多么重要。

[书外人语] 别以为老实人总吃亏。

小约翰想要一辆自行车

|郭京帅 译

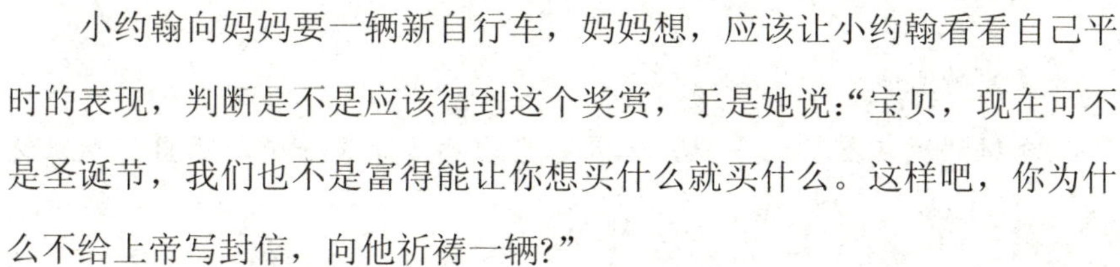

小约翰向妈妈要一辆新自行车，妈妈想，应该让小约翰看看自己平时的表现，判断是不是应该得到这个奖赏，于是她说:“宝贝，现在可不是圣诞节，我们也不是富得能让你想买什么就买什么。这样吧，你为什么不给上帝写封信，向他祈祷一辆?”

小约翰大发脾气也没有用，被妈妈送回了房间，最后还是坐下来给上帝写信。

亲爱的上帝:

今年我一直是个好孩子，如能得到一辆新自行车，不胜感谢!

您的朋友约翰

小约翰写完一想，上帝一定知道自己是个不折不扣的小坏蛋，于是赶紧把信撕掉重写。

亲爱的上帝：

今年我一直是个表现还不错的孩子，我想要一辆新自行车。

您真诚的约翰

小约翰想一想，这还是不诚实，撕掉重来。

亲爱的上帝：

今年我一直想做个好孩子，我可以得到一辆新自行车吗？

约翰

写完后小约翰扪心自问，知道自己一直表现很差，什么新东西也不配，于是沮丧地把信扔进垃圾桶，灰溜溜走出家门，准备到教堂去——他想那儿离上帝应该近一些。

走进教堂跪下，小约翰正在考虑该如何检讨自己，眼光忽然落在圣母玛利亚的塑像上。他跳起来，抓起塑像就跑了。

一口气跑回家，小约翰把塑像藏在床底下，开始给上帝写信。

亲爱的上帝：

你妈妈现在在我的手里，如果想见她的话，拿一辆新的自行车来交换。

你知道我是谁

[书外人语] 上帝接到这封信时的心情会是什么样的呢？我想万能的上帝做梦也不会想到一个小孩会以这样的手段来向他索要礼物。充斥着暴力的荧屏、银幕给人带来娱乐的同时，还有哪些潜移默化的影响呢？

推销有术

百货公司经理核查新到的售货员的工作情况问道:“你今天有几个顾客?”

售货员回答:“一个。”

“只有一个吗?卖了多少钱的货呢?”

售货员回答:“五万八千多美元。”

经理大为惊奇，要他详细解释。

售货员说道:“我先卖给那男人一枚钓钩，接着卖给他钓竿和钓丝。我再问他打算去哪里钓鱼，他说要到南方海岸去。我说该有艘小船才方便，于是他买了那艘6米长的小汽艇。他又说他的汽车可能拖不动汽艇。于是我带他去汽车部，卖给他一辆大车。”

经理喜出望外，问道:“那人来买一枚钓钩，你竟能向他推销那么多东西?”

售货员答道:“不，其实是他老婆偏头疼，他来为她买一瓶阿司匹林药。我听他那么说，便对他说:‘这个周末你可以自由自在了，为什么不去钓鱼呢?’”。

[书外人语] 都说女人的钱好赚，看来男人的钱也不那么难赚，前提是摸准他的心理。

换　　票

刘燕敏

两个乡下人，外出打工。一个去上海，一个去北京。可是在候车厅等车时，都又改变了主意，因为邻座的人议论说，上海人精明，外地人问路都收费；北京人质朴，见了吃不上饭的人，不仅给馒头，还送旧衣服。

去上海的人想，还是北京好，挣不到钱也饿不死，幸亏车没到，不然真掉进了火坑。

去北京的人想，还是上海好，给人带路都能挣钱，还有什么不能挣钱的?我幸亏还没上车。不然真失去一次致富的机会。

于是他们在退票处相遇了。原来要去北京的得到了上海的票，去上海的得到了北京的票。

去北京的人发现，北京果然好。他初到北京的一个月，什么都没干，竟然没有饿着。不仅银行大厅里的太空水可以白喝，而且大商场里欢迎品尝的点心也可以白吃。

去上海的人发现，上海果然是一个可以发财的城市。干什么都可以赚钱。带路可以赚钱，开厕所可以赚钱，弄盆凉水让人洗脸可以赚钱。只要想点办法，再花点力气都可以赚钱。

凭着乡下人对泥土的感情和认识，第二天，他在建筑工地装了十包含有沙子和树叶的土，以“花盆土”的名义，向不见泥土而又爱花的上海人兜售。当天他在城郊间往返六次，净赚了50元钱。一年后，凭“花盆土”他竟然在大上海拥有了一间小小的门面。

在常年的走街串巷中，他又有一个新的发现：一些商店楼面亮丽而招牌较黑，一打听才知道是清洗公司只负责洗楼不负责洗招牌的结果。他立即抓住这一空当，买了人字梯、水桶和抹布，办起一个小型清洗公司，专门负责擦洗招牌。如今他的公司已有150多个打工仔，业务也由上海发展到杭州和南京。

前不久，他坐火车去北京考察清洗市场。在北京车站，一个捡破烂的人把头伸进软卧车厢，向他要一只空啤酒瓶，就在递瓶时，两人都愣住了，因为五年前，他们曾换过一次票。

[书外人语] 表面上看似乎很偶然，好像是城市的不同导致了人生际遇的不同，实际上是必然，决定性的因素仍是脑子中的观念与思维方式：怕承担风险自然也就没有机会。

囚徒困境

|剑 朋

两个犯罪嫌疑人被警察拘捕了。

警察分别告诉他们，他们有三种可能：第一，死不认罪，最后也确实找不到他们犯罪的证据，这样他们将被无罪释放；第二，主动认罪并检举揭发同伴，只判3年刑期；第三种可能就是自己死不认罪，但被同伙揭发并证明有罪，这样你就会被判10年。

被分开关押、分别提审的罪犯会选择哪一条路呢?

绝大多数会选第二条。这是社会学、心理学中一个著名的论例：囚徒困境。

[书外人语] 谁都不敢把自己的明天放在别人手中。

一念之间

｜〔美〕玫琳凯·艾施

二战期间，一位住在美国中部的妻子，随先生驻防加州，住在靠近沙漠的营区里。营区生活条件很差，先生原本不让太太跟着一起吃苦，但太太坚持一定要跟他去。

他们只找到了一间靠近印第安村落的小木屋。整天闷热难当，连阴凉一点的地方都还有华氏115°(摄氏46°)，风又总是呼呼吹个不停，尘土到处飞扬，而且旁边住的全是不懂英语的印第安人，日子实在难熬。

一次，她的丈夫必须外出两周参加部队的演习，一个人在家的妻子更是寂寞之极。于是她写信给母亲说她要回家。母亲很快回信给她，信中写道:“有两名囚犯从狱中望窗外，一个看到的是泥巴，一个看到的是星星。”

她将母亲的话看了又看，觉得很惭愧。“好吧!”她想,“我就去找那星星吧。”于是她走出屋外，和邻近的印第安人交朋友，并请他们教她如何织东西和制陶。刚开始彼此还有些生疏，但是当他们了解到她真的是对这有兴趣时，他们亦真诚相待，热情地接受了她。她因此迷上了印第安文化、历史、语言以及所有有关印第安的事物。不仅如此，她还开始研究起沙漠来，很快地，沙漠也从荒凉之地成为她眼中神奇迷人的地方。最后她成了沙漠专家，出版了这方面的专著。她同印第安人相处得也很好，她的生活比原先在中部时更加丰富多彩。

［书外人语］美国有一位伟大的哲学家威廉·詹姆斯说过：我们这一代最伟大的发现是，人类可以经由改变态度而改变命运。

心里的锁

肖　剑

一代魔术大师胡汀尼有一手绝活，他能在极短的时间内打开无论多么复杂的锁，从未失手。他曾为自己定下一个富有挑战性的目标：要在60分钟之内，从任何锁中挣脱出来，条件是让他穿着特制的衣服进去，并且不能有人在旁边观看。

有一个英国小镇的居民，决定向伟大的胡汀尼挑战，有意给他难堪。他们特别打制了一个坚固的铁牢，配上一把看上去非常复杂的锁，请胡汀尼来看看能否从这里出去。

胡汀尼接受了这个挑战。他穿上特制的衣服，走进铁牢中，牢门"哐啷"一声关了起来，大家遵守规则转过身去不看他工作。胡汀尼从衣服中取出自己特制的工具，开始工作。

30分钟过去了，胡汀尼用耳朵紧贴着锁，专注地工作着；45分钟，一个小时过去了，胡汀尼头上开始冒汗。最后两个小时过去了，胡汀尼始终听不到期待中的锁簧弹开的声音。他筋疲力尽地将身体靠在门上坐下来，结果牢门却顺势而开，原来，牢门根本没有上锁，那把看似很厉害的锁只是个样子。

小镇居民成功地捉弄了这位逃生专家，门没有上锁，自然也就无法开锁，但胡汀尼心中的门却上了锁。

[书外人语] 小镇的居民故弄玄虚，捉弄了这位大师。大师的失败在于他太专注这把具有象征意义的锁了，他的目标从"逃生"不知不觉中转换成了"开锁"。况且，他先入为主的概念告诉他：只要是锁，就一定是锁上的。

癌症病人

|剑朋

卡尔·赛蒙顿是美国一位专门治疗晚期癌症病人的著名医生。在他的从医生涯中，有这样一则有趣的故事。

有一次，赛蒙顿医生治疗一位61岁的癌症病人。当时这位病人因为病情的影响，体重大幅下降，瘦到只有98磅（合44公斤），癌细胞的扩散使他无法进食，甚至连吞咽都很困难。

赛蒙顿医生告诉这位患者，将会全力为他诊治，帮助他对抗恶疾。同时每天将治疗进度详细地告诉他，并清楚讲述医疗小组治疗的情形，及他体内对治疗的反应，使得病人对病情得以充分了解，并缓解不安的情绪，充分和医护人员合作。

结果治疗情形出奇的好。赛蒙顿医生认为这名患者实在是个理想的病人，因为他对医生的嘱咐完全配合，十分合作，使得治疗过程进行得十分顺利。

更关键的是，赛蒙顿医生教这名病人运用想象力，想象他体内的白血球大军如何与顽固的癌细胞对抗，并最后战胜癌细胞的情景。结果数星期之后，医疗小组果然抑制了癌细胞的破坏性，成功地战胜了癌症。对这个杰出的治疗结果，就连医生本人都感到惊讶。

其实医生不必惊讶，他曾对患者说:“你对自己的生命拥有比你想象的更多的主宰权，即使是癌症这么难缠的恶疾，也能在你的掌握之中。事实上，你可以运用心灵的力量，来决定你的生与死。甚至，如果你选择活下去，你可以决定要什么样的生活品质。”

［书外人语］记住，我们对自己的生命有比想象中更多的主宰权。你好比一位三军统帅，领导着你身体内的各路大军，去战胜、消灭那些不受欢迎的敌人。

位　　置

|崔　浩

迈克在求学方面一直遭遇失败与打击，高中未毕业时，校长对他的母亲说："迈克或许并不适合读书，他的理解能力差得让人无法接受。他甚至弄不懂两位数以上的计算。"

母亲很伤心，她把迈克领回家，准备靠自己的力量把他培养成材。可是迈克对读书不感兴趣，为了安慰母亲，他也试着努力学习，但是不行，他无论如何也记不住那些需要记忆的知识。

一天，当迈克路过一家正在装修的超市时，他发现有一个人正在超市门前雕刻一件艺术品，迈克产生了兴趣，他凑上前去，好奇而又用心地观赏起来。

不久，母亲发现迈克只要看到什么材料，包括木头、石头等，必定会认真而仔细地按照自己的想法去打磨和塑造它，直到它的形状让他满意为止。母亲很着急，她不希望他玩弄这些东西而耽误学习。迈克不得不听从母亲的吩咐继续读书，但同时又从不放弃自己的爱好，他一直在想做得更好。

迈克最终还是让母亲彻底失望了，没有一所大学肯录取他，哪怕是本地并不出名的学院。母亲对迈克说："你走自己的路吧，没有人会再对你负责，因为你已长大!"

迈克知道他在母亲眼中是一个彻底的失败者，他很难过，决定远走他乡去寻找自己的事业。

许多年后，市政府为了纪念一位名人，决定在市政府门前的广场上置放名人的雕像。众多的雕塑大师纷纷献上自己的作品，以期望自己的大名能与名人联系在一起，这将是难得的荣耀和成功。

最终一位远道而来的雕塑师获得了市政府及专家的认可，在开幕式

上，这位雕塑大师说:“我想把这座雕塑献给我的母亲，因为我读书时没有获得她期望中的成功，我的失败令她伤心失望。现在我要告诉她，大学里没有我的位置，但生活中总会有我一个位置，而且是成功的位置。我想对母亲说的是，希望今天的我至少不让她再次失望。”

这个人当然就是迈克。在人群中，迈克的母亲喜极而泣。她知道迈克并不笨，当年只是她没有把他放对位置而已。

[书外人语] 惟有自己才知道自己真正想干什么，适合干什么，能干成什么。而且选择自己的道路，是你最基本的权利。

一枚硬币

|王日华

两个年轻人一同寻找工作，一个是英国人，一个是犹太人。

一枚硬币躺在地上，英国青年看也不看就走了过去，犹太青年却激动地将它捡起。

英国青年对犹太青年的举动露出鄙夷之色：一枚硬币也捡，真没出息!

犹太青年望着远去的英国青年心生感慨：让钱白白地从身边溜走，真没出息!

两个人同时走进一家公司。公司很小，工作很累，工资也低，英国青年不屑一顾地走了，而犹太青年却高兴地留了下来。

两年后，两人在街上相遇，犹太青年已成了老板，而英国青年还在寻找工作。

英国青年对此不可理解，说:“你这么没出息的人怎么能这么快地

‘发’了?”

犹太青年说:“因为我没有像你那样绅士般地从一枚硬币上迈过去。你连一枚硬币都不要，怎么会发大财呢?”

英国青年并非不要钱，可他眼睛盯着的是大钱而不是小钱，所以他的钱总在明天。这就是问题的答案。

[书外人语] 没有小钱就不会有大钱。你不爱惜钱，钱也不会来找你。

希腊老师的辩术

|何金玉

有一天，两个学生去请教他们的希腊教师。问道:“老师，究竟什么叫诡辩呢?”

希腊老师望望两个学生，想了一会儿，说:“有两个人到我这里做客，一个很爱干净，一个很脏。我请他们两个洗澡，你们想想，他们两人中谁会洗呢?”

学生脱口而出:“那不用说，当然是那个脏的。”

希腊老师摇摇头:“不对，是干净的去洗。因为他养成了爱清洁的习惯，而脏人却不当一回事，根本不想洗。你们再想想看，是谁洗澡了呢?”

学生忙改口:“爱干净的!”

“不对，是脏人，因为他需要洗澡。”老师反驳后再次问学生,“这么看来，谁洗澡了呢?”

“脏人!”学生只好又改回开始的答案。

“又错了，当然是两个都洗了。”老师说,“爱干净的有洗澡的习惯，脏人有洗澡的必要，怎么样，到底谁洗了呢?”

学生眨巴着眼睛，犹豫不决地说:“那看来就是两人都洗了。”

“又错了!”希腊老师笑道,“两个都没有洗。因为脏人不爱洗澡，而干净人不需要洗澡。”

“那……老师你好像每次说得都有道理，可每次的答案都不一样，我们该怎样理解呢?”

“这很简单，你们看，这就是诡辩。”

[书外人语] 诡辩的定义当然很简单，是从看似正确的逻辑关系中推理出一个似是而非的结论。但在这个故事中，实际上老师只是在转换角度看问题而已，分别从需要、习惯的角度去看，自然会出现多种可能性。

咒语疑云

|飞 飞

在北京上学时，有一回在学校附近碰见一个老妪站在大树底下兜售布袋——一种长方形单面有图案的纯棉购物口袋，价钱相当便宜，只售一元五角。于是一气买了六个。

布袋拿回宿舍，同学都说值，不料一位细心的蓦然惊呼:“怎么上面有个‘死’字!”

定睛一看，布袋的图案四周原来还环着一圈外文，几个较长的单词不认识，字典里也没有，中间一个“die”，却赫然触目惊心!再细看图案本身，几个简单而形状怪异的色块拼凑在一起，谁也辨不出那究竟是什么。

“我说这么便宜!”

“准是邪教的图腾!”

“巫婆!”

“咒语!”

同学们大呼小叫。

虽说向来不信邪，照用不误，但挎着口袋上街时还是小心地把有图案的一面向里，以免引来旁人注目。有次要寄衣物回家，那些口袋是再好不过的包裹，但瞅着那个碍眼的“die”，心里仍有些别扭，总不能往家里寄去一份不祥吧?后来想出个好主意，用同色的彩笔在“die”后面加上“t”，成“饮食、节食”之意。自忖破去一劫，顿时心安理得。

直至一年后，认识了一个外语学院的朋友，“咒语”之谜方水落石出：那句奇怪的外文其实是德语，“die”是德语中一个再普通不过的冠词，发音为“地”，用法相当于英语“the”，专用以修饰阴性名词，“咒语”全句的意思是“保护世界环境”。

恍然悟过之后回头再看那神秘的图案，原来竟是世界七大洲的板块!

有时想想，生活中的诸多禁忌，纯属世人作茧自缚。基督徒避讳“13”尚有宗教传说之情可原，因为发音而遭人唾弃的“4”多少有点“比窦娥还冤”，要知道在简谱音乐中，“4”的唱名正是如假包换的“发”，这是不是比辅音相异的“8”来得少一分牵强?

转一个角度，换一种思维，活着就该有大无畏精神。“死”就“死”吧，有“咒语”傍身，说不定还能以毒攻毒，一保平安。

[书外人语] 世上本无事，庸人自扰之。心胸坦荡者，自然百无禁忌。

说“不”的勇气

|肖 剑

曾听朋友讲过这样一个故事。

汉斯刚参加工作不久，姑妈来到这个城市看他。汉斯陪着姑妈把这个小城转了转，就到了吃饭的时间。

汉斯身上只有20美元，这已是他所能拿出招待对他很好的姑妈的全部资金，他很想找个小餐馆随便吃一点，可姑妈却偏偏相中了一家很体面的餐厅。汉斯没办法，只得随她走了进去。

俩人坐下来后，姑妈开始点菜，当她征询汉斯意见时，汉斯只是含混地说:“随便，随便。”此时，他的心中七上八下，放在衣袋中的手里紧紧抓着那仅有的20元钱。这钱显然是不够的，怎么办?

可是姑妈一点也没注意到汉斯的不安，她不住口地夸赞着这儿可口的饭菜，汉斯却什么味道都没吃出来。

最后的时刻终于来了，彬彬有礼的侍者拿来了账单，径直向汉斯走来，汉斯张开嘴，却什么也没说出来。

姑妈温和地笑了，她拿过账单，把钱给了侍者，然后盯着汉斯说：“小伙子，我知道你的感觉，我一直在等你说不，可你为什么不说呢?要知道，有些时候一定要勇敢坚决地把这个字说出来，这是最好的选择。我这次来，就是想要让你知道这个道理。”

[书外人语] 这一课对所有的年轻人都很重要：在你力不能及的时候要勇敢地把“不”说出来，否则你将陷入更加难堪的境地。

门的悬念

|张丽钧

学校大厅的门被踢破了。

——可怜的门，自打安上那天起，几乎就没有一天不挨踢。十五六岁的少年，正是撒欢儿尥蹶子的年龄。用脚开门，用脚关门，早成了不足为奇的大众行为。学校教导员为此伤透了脑筋，他曾在门上张贴过五花八门的警示语，什么“足下留情”、“我是门，我也怕痛”，诸如此类。可是，不顶用。

大厅门破的那一天，教导员找到校长：干脆，换成大铁门——他们脚上不是长着牙吗?那就让他们去“啃”那铁家伙吧!

校长笑了，说:“放心吧，我已经订做了最坚固的门。”很快，旧门被拆下来，新门被装上去。

新装的大门似乎挺有“人缘”，装上以后居然没有挨过一次踢。孩子走到门口，总是不由自主地放慢脚步。阳光随着门扉旋转。穿越的时刻，少年的心感到了爱与被爱的欣幸。

这道门怎能不坚固——它捧出一份足金的信任，它把一个易碎的梦大胆地交到孩子们手中，让他们在美丽的忧惧中学会了珍惜与呵护。

——这是一道玻璃门。

[书外人语] 防不胜防时干脆不设防，说：我相信你不会。再说，在人的心中，越坚固者越有人要同它试软硬，越脆弱的越有人去呵护。

遗 憾

|肖 剑

在一次关于家教的采访中，我碰到这样一个家庭。

父亲是一家大企业的老总，母亲是一家大学的教授，家庭经济条件宽松，两口子都很有学问，人品也没得说，但他们的独生儿子却在劳改农场服刑。

这种家庭为什么会有这种情况发生呢?我百思不得其解。老两口儿的诉说解开了我心中的谜团。

原来这对父母亲各自的事业心都很强，平时都各自忙于自己的事业，很有追求。他们的儿子小时候很乖，学习成绩也不错，两口子很省心，只觉得在学习条件上满足他就可以了。谁知道儿子上初中时同一些坏孩子混在了一起，慢慢地沾上了吸烟、喝酒、打架等恶习，一发而不可收拾，等到派出所找上门来时，他们才发觉。其后虽然他们试图让儿子迷途知返，但已经晚了，儿子在另一条道上终于越去越远。

采访结束时，他们的一段话深深地刻在我心里：

如果今天让我们拿现在所拥有的一切去换取孩子一个正常人的普通健康生活，我们会毫不犹豫地去做的，可当时就是在我们追求这些，如名誉、地位、收入、成就感的同时，我们忽略了对孩子的教育，这是一个多么令人遗憾的讽刺啊!

［书外人语］人的一生有许多重要的事情需要我们去做，去投入精力和时间，有时候确实不可能面面俱到，但无论如何，有些东西一定要永远排在首要位置的。

体会爱心

高 翔

有这样一位特别的母亲。为了体验没有水的感觉，这位母亲带着上幼儿园的女儿从北京千里迢迢来到甘肃的定西。在汽车上，母亲告诉孩子她们马上就要到一个没有水的地方了。女孩便打算向骆驼学习，赶紧灌下一瓶牛奶。

在定西的老乡家里，母女俩从一口看似干涸的井中打起一桶水，那还是去年积下的雨水。村民告诉她们，日用水紧张，这水得循环着使用：先用来洗险，然后再用来洗衣服，最后又用这盆脏水去喂猪。

女儿说:“猪怎么能喝这样的水呢?”

妈妈反问:“那你觉得应该给它们喝什么?”

“我给它们喝柠檬汁，给它们喂牛奶。”女儿一脸稚气歪着头回答。

后来妈妈问她刚才从井里打上来的水能不能喝，女孩立刻回答:“不能喝，不干净。”

“如果你很渴了呢？如果你两天没喝水了呢？也不喝吗?”

“不喝。”

不过那晚小女孩哭了，不是因为她太渴，这儿太苦，而是因为妈妈训斥了她。这户老乡家数月来仅有的蔬菜便是土豆，为了招待远方来的客人，特地买来了韭菜。但当小女孩看到他们用那雨水洗菜、揉面时，她拒绝吃饭。

对她来说，毕竟再大的挑剔也抵不过口渴的难耐，于是她终于喝了两天来的第一口水。

每天早晨天都有些阴沉，似乎一场雨即在眼前，给太久没下雨的土地及这两位远道而来的客人带来希望，可最终都破灭了。土地已干得裂出了一道道缝，农民们面临的将是颗粒无收的命运。

母女俩要回京了。女孩已和这儿的孩子结下了友谊，此刻的离去竟有些难舍。虽然那些孩子灰头土脸，衣着破旧，他们也从未尝过水的畅快淋漓，但可贵的是他们纯真的童心和从单纯的眼中流出的晶莹的泪。

挥手告别黄土地，把那里的贫穷落后留在身后，却会把一种体会留在心里。年轻的母亲要让女儿体验的，我想应该不只是水的珍贵。什么是爱心？那不是打电话到新闻媒体去告诉他们“我要献爱心啦”，也不是在镁光灯的闪烁之下向某慈善机构捐款，而是不漠视、不鄙夷不如我们生活条件的生命存在，是通过自己的努力去帮助别人，同时自己也怀着一颗感激之心去生活。

［书外人语］你出生在都市京城，我出生在穷乡僻壤，你没有做对什么，我也没有做错什么，生活为什么如此不同？自然条件的差异不应成为我们生命之间的鸿沟。

将心比心

赵天华

母亲给我讲过这样一件事：一次她去商店，走在她前面的年轻妇女推开沉重的大门一直等到她进去后才松手。当她道谢的时候，那位妇女对她说:“我的妈妈也和您的年纪差不多，我只希望她遇到这种时候，也有人为她开门。”听了母亲说的这件小事，我的心温暖了许久。

一日，我患病去医院输液。年轻的小护士为我扎了两针也没有把针扎进血管，眼见着针眼处泛起了青包。疼痛之时我正想抱怨几句，却抬头看到了小护士额头上布满了密密的汗珠，那一刻我突然想起了我的女儿。于是我安慰她说:“不要紧，再来一次!”第三针果然成功了。小护士终于叹了口气，她连声说：“阿姨，对不起。我真该感谢您让我扎了三次。我是来实习的，这是我第一次给病人扎针，太紧张了，要不是您的鼓励，我真不敢给您扎了。”我告诉她，我也有个和她差不多大的女儿，正在医科大学读书，她也将有她的第一位患者，我真希望女儿的第一次扎针也能得到患者的宽容和鼓励。

将心比心，这是老百姓常说的一句善解人意的俗语。如果我们在生活中多点将心比心的感悟，就会对老人生出一份尊重，对孩子怀有一份怜爱；会使人与人之间多一些宽容和理解，少一些计较和猜疑。

[书外人语] 先不用说老吾老以及人之老，幼吾幼以及人之幼，就是我们每个人，也会有许多角色转换，此地你是强者，另一处可能就是弱者，此时你是服务者，彼时就可能是被服务者……我们希望别人怎样对待自己，就最好先去那样对待别人。

诺　言

杨丽红

我有一个很要好的朋友，因为很小的时候就认识了，所以一直保持着密切的来往。他常常为我推荐一些书或者为我做一些我要他做的事，呼来唤去的，从来没有怨言。我在他面前很随便，他说我没心少肺，穿着大人的衣服，其实是个小孩。

去年他搬了家，新年的时候他邀我到他家看一看。我答应了，可新年那天轮到我在学校里值班，上午我给他打了一个电话，他听说我值班，就问我还能不能去，我说我下午过去。

下午我要离开学校的时候，有一同事来到学校，他见我要走，就

说:“您和我打一会儿乒乓球吧!”我说我还有事，他说就玩一会儿，经他一说，我有些手痒起来，就和他玩了起来。这一玩把时间给忘了，等我从学校里出来，天都快黑了，只好回家了。

后来总想找个机会对朋友解释一下，可不知怎么搞的，一拖就很长时间。时间越长就越不想再提这件事了，心想，反正也不是外人，何必那么多礼节呢，后来竟渐渐地给忘了。

再次想起朋友的时候，是有事要求于他。电话里他对我很冷淡，我问他怎么了，他说:“问你自己。”

我试探着提起新年里的那件事，他说：“你已经不可救药了，有那样轻率待人的吗?”

他很生气，说那一天他和妻子推掉了所有的安排，只是为了我的到来，从早晨到晚上竖着耳朵听每一阵上楼的声音，可最终我没有去，之后连一个电话都没有。他说得我脸上一阵阵发热，我解释说我从来没有把他当过外人，因为我以为我们的距离很近，就在这件事上随便了。他说我是一个言而无信的人。

为了让我知道诺言这个很平常的词，他决定不再理我。

因为失去了这个朋友，我记住了什么是诺言。

[书外人语] 事关原则，再亲近的人也不可随便。

没有不带伤的船

刘燕敏

英国劳埃德保险公司曾从拍卖市场买下一艘船。这艘船原属于荷兰福勒船舶公司，它1894年下水，在大西洋上曾138次遭遇冰山，116次触礁，13次起火，27次被风暴扭断桅杆，然而它一直没有沉没。

劳埃德保险公司基于它不可思议的经历，决定把它从荷兰买回来，捐给国家。现在，这艘外壳凹凸不平、船体微微变形的船就停泊在英国萨伦港的国家船舶博物馆里。

不过，使这艘船名扬天下的并非劳埃德公司，而是一名来此观光的律师。当时，他刚打输了一场官司，委托人也于不久前自杀了。尽管这不是他的第一次辩护失败，也不是他遇到的第一例自杀事件，然而，每当他遇到这样的事情，他总有一种负罪感。他不知该怎样安慰这些在生意场上遭受了不幸的人——这些人有的被骗，有的被罚，他们或血本无归，或倾家荡产，也有的因打输了官司，落得债务缠身。

当他在萨伦船舶博物馆看到这艘船时，忽然有一种想法：为什么不让他们来参观参观这艘船呢?于是，他就把这艘船的历史抄下来，和这艘船的照片一起挂在他的律师事务所里，每当商界的委托人请他辩护，无论输赢，他都建议他们去看看这艘船。

英国《泰晤士报》说，截至1987年，已有1230万人次参观过这艘船，仅参观者的留言就有170多本。我们大多数人没有去过英国，也不知道这些参观者在留言簿上写了些什么，但有一点我认为似乎是不能少的——那就是：在大海上航行，没有不带伤的船。

[书外人语] 在生命中旅行，没有不受伤的心灵，坚持住，不要沉没。

一把紫砂壶

|刘燕敏

老街上有一个铁匠铺，铺里住着一位老铁匠。由于没人再需要他打制的铁器，现在他改卖铁锅、斧头和拴小狗的链子。

他的经营方式非常古老和传统，人坐在门内，货物摆在门外，不吆喝，不还价，晚上也不收摊。你无论什么时候从这儿经过，都会看到他在竹椅上躺着，眼睛微闭着，手里拿着一只半导体小收音机，身旁是一把紫砂壶。

他每天的收入，正够他喝茶和吃饭的。他老了，已不再需要多余的东西，因此非常满足。

一天，一个文物商人从老街上经过，偶然间看到老铁匠身旁的那把紫砂壶——古朴雅致，紫黑如墨，有清代制壶名家戴振公的风格。他走过去，顺手端起那把壶。

壶嘴处有一记印章，果然是戴振公的。商人惊喜不已，因为戴振公在世界上有捏泥成金的美名。据说他的作品现在仅存三件，一件在美国纽约州立博物馆里，一件在台湾故宫博物院，还有一件在泰国一位华侨手里。

商人想以10万元的价格买下那把壶。当他说出这个数字时，老铁匠先是一惊，后又拒绝了，因为这把壶是他爷爷留下来的，他们祖孙三代打铁时都喝这把壶里的水，他们的汗也都来自这把壶。

壶虽没卖，但商人走后，老铁匠有生以来第一次失眠了。这把壶他用了近60年，并且一直以为是把普普通通的壶，现在竟有人要以10万元的价钱买下它，他转不过神来。

过去他躺在椅子上喝水，都是闭着眼睛把壶放在小桌上，现在他总要坐起来再看一眼，这让他非常不舒服。特别让他不能容忍的是，当人

人散後一鉤新月天如水
子愷

们知道他有一把价值连城的茶壶后，蜂拥而来，有的问还有没有其他的宝贝，有的甚至开始向他借钱，更有甚者，晚上推他的门。他的生活被彻底打乱了，他不知该怎样处置这把壶。

当那位商人带着20万元现金，第二次登门的时候，老铁匠再也坐不住了。他召来左右店铺的人和前后邻居，当众把那把壶砸了个粉碎。

现在，老铁匠还在卖铁锅、斧头和拴小狗的铁链子，今年他已经102岁了。

[书外人语] 对于真正享受生活的人来说，任何不需要的东西都是多余的，他们不会去背这个愚蠢的包袱。

穷人的浪漫

雨 晴

傍晚，我散步到天桥边，看见一个小伙子正吃力地背着个姑娘上天桥，额上渗着细密的汗珠，我赶忙过去帮着搀扶着，问小伙子:“她生病了吧?我帮你叫车送医院。”

来到天桥上，姑娘忽然大笑起来，小伙子忙向我道歉:“对不起，谢谢您，我们在玩游戏。”

“什么?”我尴尬中有些愠怒。

姑娘好半天才停住笑，告诉我说今天是他们结婚三周年纪念日，他们特意请假出来逛街。“他没有钱，我不要他买什么礼物，但他有力气，所以要他背我上天桥，才背三个来回，就累了，将来结婚30周年，我让他背30个来回，累死他那把老骨头……”姑娘趴在小伙肩上又笑了起来。

向来以为，浪漫必定和鲜花、烛光、音乐相连，却不知道世上还有这样一种别致的穷人的浪漫。

[书外人语] 穷开心也是开心，不要按别人的标准“开心”。

第七辑

[成人童话]

财主的选择

|飞 硕

有一个财主犯了罪，被带到县太爷那里审问。县太爷为了证明自己是个清官，提出了三种接受惩罚的方式让财主选择：第一种是罚50两银子，第二种是抽50皮鞭，第三种是生吃5斤大蒜。财主既怕花钱又怕挨打，就选择了第三种。

在人们的围观下，财主开始吃大蒜，“吃大蒜倒不是什么难事，这是最轻的惩罚。”当吃了第一颗大蒜时，财主这样想。可他越往下吃越感到难受，吃完2斤大蒜的时候，他感到自己的五脏六腑都在翻腾，像被烈火炙烤一样，他流着泪喊道：“我不吃大蒜了，我宁愿挨50皮鞭!”

执法的衙役剥去财主的衣服，把财主按到一条板凳上，当着他的面把皮鞭蘸上了盐水和辣椒粉，财主看得胆战心惊，吓得浑身发抖。当皮鞭落在财主的背上时，财主像杀猪一样嚎叫起来，打到第10下的时候，财主痛得屁滚尿流，终于忍受不住痛苦地叫道：“青天大老爷啊，可怜可怜我吧，别再打我了，罚我50两银子吧。”

很多事情都是这样的。譬如，有些人为了省钱，宁愿忽视自己的健康，可等到他吃够了苦头，不得不为健康大把花钱时，已经太迟了。

[书外人语] 罪也受了，钱也花了，早知如此，何必当初?

寻短见的少妇

|周国平

夏天的傍晚，一个美丽的少妇投河自尽，被正在河中划船的白胡子艄公救起。

“你年轻轻的，为何寻短见？”艄公问。

“我结婚两年，丈夫就遗弃了我，接着孩子又病死。您说，我活着还有什么乐趣？”少妇哭诉道。

“两年前你是怎么过的？”艄公又问。

少妇的眼睛亮了：“那时我自由自在，无忧无虑……”

“那时你有丈夫和孩子吗？”

“当然没有。”

“那么你不过是被命运之船送回了两年前，现在你又自由自在、无忧无虑了。请上岸吧。”

少妇回到岸上，艄公摇船远走。少妇揉揉眼睛，恍如做了一个梦。她想了想，离岸走了。自此，她再也没有寻过短见。

[书外人语] 命运有时会同人开个玩笑，你又何必太认真呢？反正大家都是要赤条条来，赤条条去的，把得失看成一种人生体验好了。

地狱中的美女

| 剑 朋

在地狱的美女房中，收留着诸多中外著名的美女，如褒姒、妲己、貂蝉、西施、杨贵妃、玛丽莲•梦露等等。她们越来越觉得不公平，联名上书给上帝，质问他：为什么那么多丑女人在天堂幸福地生活，而让我们在这里受罪？

上帝回信说：第一，你们到现在仍然认为容貌是决定一切的因素；第二，你们受到的控诉过多，没娶到你们的男人说你们的高傲，娶到你们的男人说你们影响了他们的事业，没你们漂亮的女人说你们对她们的家庭带来不安定因素；第三，我也不想背上好色的名声。

[书外人语] 美丽是一个女人最大的资本，也是最大的潜在危险。色字头上一把刀，这把刀不但伤害男人，对女人自己也有伤害，美貌同幸福难成正比，相反，其走向地狱的可能性比一般人要大得多。

誓　言

| 王 晔

一个猎人，是个神枪手，然而他有个不好的习惯，爱立誓言。

一天他去打猎的时候，便立下誓言：今天只打兔子。然而，这天他遇到的全是山鸡。于是这天他便空空而归。晚上，躺在床上摸着饥饿的肚子十分后悔，发誓明天一定打山鸡。

第二天他便按他的誓言去打猎。然而，这天他遇到的全是狐狸。于是，这天他又空空而归。晚上，躺在床上抱着饥饿的肚子又十分的后悔，发誓明天只打狐狸。

第三天，他又按照他的誓言去打猎。而这天他遇到的全是野猪。于是晚上又空空而归。

……

后来，这个猎人便在自己的誓言中死去了。

世上没有这样蠢笨的猎人，然而却有这样蠢笨的誓言。一个人常常在事情刚一开始的时候就立下事情的誓言，在一年刚刚开始的时候就立下一年的誓言，在一个孩子刚出生的时候就给孩子立下一生的誓言，并不考虑这个誓言也许并不符合实际，却还要坚定地遵守。生存和誓言常是生活的两大矛盾，人不应该是为誓言而生的，倒是誓言应该服务于人的生存。

[书外人语] 要么发一个切合自己的誓言，坚持到底，一定实现它；要么就不要发誓，随遇而安，无拘无束。

好人家难求

肖 剑

有一天，阎王爷对他身旁的判官说："你跟我数十年，尽心尽力，着实不易，我想把你转世人间，你希望做个何等人物?"

判官很高兴地回答：

我只有个小小的愿望，是这样的——

父做高官子状元，绕家千顷尽良田，

鱼塘花果样样有，娇妻美妾个个贤，

画梁雕栋龙凤间，仓库积聚尽金钱，

天长地久人不老，荣华富贵万万年。”

阎王爷听了苦笑道:“人间若有这样的好人家，我早就去了，何必等你去?”

[书外人语] 万事如意只是人们的一个祝福而已，这一辈子能有百事如意就不错了，而且还要你自己去努力才行。

世界末日

剑朋

公元2500年的时候，人类的处境已经越来越危险。世界总统不得不把各领域的科学家召集在一起，共商对策。

人们指责化学家，说他们一味地使用化肥导致地球上的土壤已然无法让植物生存；物理学家、天文学家也受到指责：开发月球、土星不力，导致人类向外星球的迁移计划迟迟不能实现……能源专家受到攻击是因为地球上绝大部分能源已经用完，太阳能的利用也不能满足大家的生活需要；水资源专家受到的批评更为激烈，因为南极、北极的冰块仅够饮水使用，每月洗澡一次让文明人痛苦不堪……

当大家互相攻击得累了时，忽然发现生物学家兴冲冲地跑进来，宣布基因领域的研究又取得更大的突破，大部分疾病将在基因组合中被消除，人类的寿命可由现在的150岁提高到200岁！……

这群平均年龄130岁的科学家起初一听到这个喜讯很高兴，但接下来又不得不面对这样一个问题：地球上现在已经有160亿人了，如果寿命再延长50年，那将怎么办?

……

会议最后通过一项绝密决定：生物学家必须进行反向实验，将人类寿命控制在60岁以内，同时其他领域的科学家也必须使本领域的科学水平向相反方向发展，使各方面的供给水平持续下降，使人类产生绝望情绪，在50年内，争取使人口自然、非自然减员60%以上……不同意这一方案的人将被关入秘密监狱。

[书外人语] 但愿这只是一个童话。

诗人的花园

|周国平

诗人想到人生的虚无，就痛不欲生，他决定自杀。

他来到一片空旷的野地里，给自己挖了一个坟坑。他看这坟太光秃，便在周围种上树木和花草。种啊种，他渐渐地迷上了园艺，醉心于培育各种珍贵的树木和奇花异草。他的成就终于闻名遐迩，吸引来一批又一批的游人。

有一天，诗人听到一个小女孩问他的妈妈：

“妈妈，这是什么呀?”

妈妈回答:“我不知道，你问这位叔叔吧。”

小女孩的手指着诗人从前挖的那个坟坑。诗人的脸红了，他想了想，说:“小姑娘，这是叔叔特意为你挖的树坑，你喜欢什么，叔叔就种什么。”

小女孩和她的妈妈都高兴地笑了。

我知道诗人在说谎，不过，这一回，我原谅了他。

[书外人语] 什么事情都不干，去思考人生的终极意义，答案定然是虚无。投入地去做眼前身边的每件不起眼的小事，反而会给你的生命找到一个积极的答案。

船王与儿子

|陆勇强

有位船长有着一流的驾船技术，他曾驾着一艘简陋的帆船在台风肆虐的大海中漂泊了半个月最终死里逃生。后来，他有了一艘机轮船，他又多次驾驶着它行程几千里到过海洋的纵深。渔民们都称他为“船王”。

船王有一个儿子，是他唯一的继承人。船王对儿子的期望很高，希望儿子能掌握驾船技术，开好他置下的这条船。船王的儿子对驾驶技术学得也很用心，到了成年，他驾驶机轮船的知识已十分丰富。船王便很放心让他一个人驾船出海。

他的儿子死于一次台风，一次对于渔民来说十分微不足道的台风。

船王十分伤心：我真不明白，我的驾船技术这么好，我的儿子怎会这么差劲?我从他懂事起就教他如何驾船，从最基本的教起，告诉他如何对付海中的暗流，如何识别台风前兆，又如何采取应急措施。凡是我经年积累下来的经验，我都毫不保留地传授给他了。可是，他却在一个很浅的海城内丧了生。

渔民们纷纷安慰他。可是，有位老人却问:“你一直手把手地教他吗?”

“是的，为了让他掌握技术，我教得很仔细。”

“他一直跟着你吗?”老人又问。

“是的，我儿子从来都没有离开过我。”

老人说:“这样说来，你也有过错啊。”船王不解，老人说:“你的过错已经很明显了。你只传授他技术，却不能传授他教训。对于知识来说，没有教训作为根基，知识只能是纸上谈兵。”

[书外人语] 从小不让孩子摔跤，等他大了，摔一跤就爬不起来了。

适可而止

|陆勇强

从前，有位乐师能演奏许多美妙的乐曲，常常被人请去演奏，很受欢迎。

有一次，乐师被一位大富翁请到府中表演，一曲曲优美的音乐令富翁心旷神怡。富翁听着很高兴，对乐师说:“如果你能照今天的曲目演奏下去，昼夜不息，我可以送给你百亩良田。”

乐师毫不在意，反问富翁:“若我一直演奏下去，你真的能一直听下去吗?”

富翁以为乐师不敢接受这个苛刻的条件，便答道:“当然，只要你演奏着，我就听着。”

乐师很高兴地接受了富翁的苛刻条件。把乐器调了调，自己定了神，开始演奏起来，如水的曲调在富翁的屋内洒开来，而富翁则躺在榻上，闭着眼睛尽情欣赏。乐师果然功力非凡，他三天三夜未曾停息，一遍又一遍地演奏着那首优美的旋律。

第四天，富翁实在受不了了。现在他听着这首曲子，再也感受不到那优美动听的韵味了，全都变成了令他烦躁不安的噪音。

第五天，富翁认输了，十分懊恼地给了乐师百亩良田，把乐师打发走了。

[书外人语] 凡事不能过一个“度”字，再好的东西让你天天吃，你也会倒胃口。聪明的厨师就会把菜的量控制得恰到好处，越不够吃就越好吃。

走出钱眼

陈 涛

在一间很破的屋子里，有一个穷人，他穷得连床也没有，只好躺在一条长凳上。

穷人自言自语地说:“我真想发财呀，如果我发了财，决不做吝啬鬼……”

这时候，在穷人旁出现了一个魔鬼。魔鬼说道:“好吧，我就让你发财吧，我会给你一个有魔力的钱袋。”

魔鬼又说:“这钱袋里永远有一块金币，是拿不完的。但是你要注意，在你觉得够了时，就要把钱袋扔掉，才可以开始花钱。”

说完，魔鬼就不见了，在他的身边，真的有一个钱袋，里面装着一块金币。穷人把那块金币拿出来，里面又有了一块。于是穷人不断地往外拿金币。穷人一直拿了整整一个晚上，金币已有一大堆了。他想：这些钱已经够我用一辈子了。

到了第二天，他很饿，很想去买面包吃。但是在他花钱以前，必须扔掉那个钱袋，于是便拎着钱袋向河边走去，可是他舍不得扔，又回来了。

他又开始从钱袋里往外拿钱。每次当他想把钱袋扔掉之前，总觉得钱还不够多。

日子一天天过去了。他完全可以去买吃的、买房子、买最豪华的车子。可是，他对自己说:“还是等钱再多一些吧。”

他不吃不喝地拿，金币已经快堆满屋子了。同时，他也变得又瘦又弱，脸色像金蜡一样的黄。

他虚弱地说:“我不能把钱袋扔掉，金币还在源源不断地出来啊!”

他成了一个看起来极老的人，但他还是抖着手往外掏金币。最后，终于死在了他的长凳上。

金钱，对于贪婪的人来说，永远没有满足的时候。而金钱的危险就在于，它会蒙上我们的眼睛，使我们眼中没有友谊、爱情、亲情甚至生命。如此钻入钱眼的人，就会一叶障目，不见泰山。这时，钱如枷锁，锁住自由；如坟墓，埋葬自身。

人生离不开钱，但也不能只着眼于钱。莫让金钱遮住眼，走出钱眼天地宽。

[书外人语] 没有钱是万万不能的，但只有钱更是万万不能的。

每秒摆一下

|陆勇强

我常常不知道自己该做什么。幼时的梦想越来越远，风霜的磨砺和肩上的重担时时让我不知所措，我不知道接下来该怎么办。

有一个三只钟的故事总在这时候给我启迪。

一只新组装好的小钟放在了两只旧钟当中。两只旧钟“滴答”、“滴答”一分一秒地走着。其中一只旧钟对小钟说:“来吧，你也该工作了。可是我有点担心，你走完三千二百万次后，恐怕便吃不消了。”

“天啊！三千二百万次。”小钟吃惊不已,“要我做这么大的事?办不到，办不到。”

另一只旧钟说:“别听他胡说八道。不用害怕，你只要每秒钟“滴答”摆一下就行了。”

“天下哪有这样简单的事。”小钟将信将疑,“如果这样，我就试试吧。”

小钟很轻松地每秒钟“滴答”摆一下，不知不觉中，一年过去了，它摆了三千二百万次。

每个人都渴望梦想成真，成功似乎远在天边遥不可及，倦怠和不自信让我们怀疑自己的能力，放弃努力。其实，我们不必想以后的事，一年甚至一月之后的事，只要想着今天我要做些什么，明天我该做些什么，然后努力去完成，就像那只钟一样，每秒“滴答”摆一下，成功的喜悦就会慢慢浸润我们的生命。

[书外人语] 有一个正确的方向，知道自己在干什么，然后认认真真地每天做下去，成功就会在某处等着你。早一天晚一天可能有偶然的成分，但收获成功肯定是必然。

自己的观音

乔 叶

一名虔诚佛教徒遇到了难事，便去寺庙里求观音。走进庙里，才发现观音的像前也有一人在拜，那个人长得和观音一模一样，丝毫不差。

“你是观音吗?”

“是。”那人答道。

“那你为何还拜自己?”

“因为我也遇到了难事。”观音笑道,“我可知道，求人不如求己。”

这是一则有关佛的趣谈，它让人深思，让人回味。想来凡人之所以为凡人，可能就是因为遇事喜欢求人。而观音之所以为观音，大约就是因为遇事只去求己吧——如此再想，如果人人都拥有遇事求己的那份坚强和自信，也许人人都会成为自己的观音!

[书外人语] 某时某事我们可以借助别人的力量，但骨子里必须深深地印刻着“自力更生”的信条。

蜘 蛛 丝

有个恶人，死后被打入十八层地狱，于是他开始忏悔，对自己以往的种种恶行痛悔不已，如有来世，定当改过自新。

他的诚心善言终于打动了上帝，上帝往地狱中垂下一根蜘蛛丝，让他抓住爬上来。这个人大喜过望，立刻抓住蛛丝往上爬。其他恶鬼见状，也纷纷跟着他往上爬，一个接着一个，恨不得能马上离开这地方。

这个恶人起初想，我要改过向善了，让他们同我一起新生也无妨。但抓住蜘蛛丝的恶鬼们越来越多，蜘蛛丝不断晃晃悠悠，马上就要断了似的。

恶人终于急了，他抬起脚，恶狠狠地向下边踹了下去，就是这一念之恶，蜘蛛丝立刻就从他头顶上断开了，使一串恶鬼又重新回到地狱之中。

[书外人语] 恶人太低估上帝的法力了：只要他心存慈悲，上帝是不会让蜘蛛丝断掉的，善与恶的分际仅仅是一念之差，幸与不幸也仅仅取决于一念之差。

山泉与金砂

王福海

一股细细的山泉，沿着窄窄的石缝，叮咚叮咚地往下流淌，也不知过了多少年，竟然在岩石上冲刷出一个鸡蛋大小的浅坑。奇异的是，山泉不知从哪儿冲来黄澄澄的金砂，填满了小坑，天天不增多也不减少。

有一天，一位砍柴的老汉来喝山泉水，偶然发现了清冽泉水中闪闪的金砂。惊喜之下，他小心翼翼地捧走了金砂。

从此，老汉不再受苦受累，不再爬山越岭砍柴。过个十天半月的，他就来取一次金砂，不用说，日子很快富裕起来。人们都感到蹊跷，不知老汉交上了啥财运？老汉对他天大的秘密守口如瓶，上不告父母，下不告妻小。

老汉的儿子跟踪窥视，发现了爹的秘密，认真看了看窄窄的石缝，细细的山泉，还有浅浅的小坑，他埋怨爹不该将这事瞒着，不然早发大财了……

儿子向爹建议，拓宽石缝，扩大山泉，不是能冲来更多的金砂吗？爹想了想，自己真是聪明一世，糊涂一时，怎么就没有想到这一点？

说干就干，父子俩叮当叮当，把窄窄的石缝凿宽了，山泉比原来大了几倍，又凿大凿深了坑。父子两个累得大汗淋漓，想到今后可以获得很多很多的金砂，高兴得一口气喝光了一瓶老白干儿，醉成了一团泥……

父子俩天天跑来看，却天天失望而归，金砂不但没增多，反而从此消失得无影无踪。父子俩百思不得其解：金砂哪里去了呢?

[书外人语] 水流大了，金砂还会沉淀下来吗？贪婪的父子俩连原来的金砂也失去了。这父子俩也许是人类的一个缩影，在大自然的给予面前，人类不也是如此的贪婪吗?

100元钱与半个馒头

罗 裳

一个商人和一个流浪汉死后来到了阎王跟前。

“你凭什么配得到永福呢?”阎王问商人。

商人说他有一天在街上给了一个乞丐50元钱。阎王冷冷地点了一下头，然后转过身去问他的助手:“这事有记载吗?”

助手点了点头，但阎王对商人说这还不够条件。

“等一下，等一下，还有，”商人说,“上个月，我绊倒了一个无家可归的女孩，并给了她50元钱。”

阎王深思了一会儿后，问他的助手:“我们该怎么办呢?”助手不耐烦地瞟了商人一眼说:“我想我们还是给他100元钱，让他留在地狱里算了。”

阎王颔首表示同意。

“你又是凭什么配得到永福呢?”阎王问流浪汉。

“抱歉，我没有，我做的事总是问心有愧。”流浪汉低声说,“去年的一个冬夜，我把乞讨来的半个馒头给了一个生病的乞丐，但那晚他却冻死街头，我好后悔没有把他带回我栖身的桥洞；还有一次……”

“好了，”阎王微笑着打断了流浪汉的话，转身对他的助手说，“你带他到天堂去吧。”

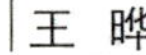

[书外人语] 商人以为自己做的善事够多了，却下了地狱；流浪汉认为自己做得远远不够，却上了天堂。为什么会这样呢?因为有的人无心向善，偶一为之，便已觉足够；而有的人一心向善，虽常有善行，尽力而为，但仍觉有所欠缺。

活人的篓子

王 晔

一个人觉得生活很沉重，便去见哲人，寻求解脱之法。

哲人给他一个篓子背在肩上，指着一条沙砾路说：“你每走一步就捡一块石头放进去，看看有什么感觉。”那人照哲人说的去做了，哲人便到路的另一头等他。

过了一会儿，那人走到了头，哲人问有什么感觉。那人说：“越来越觉得沉重。”哲人说：“这也就是你为什么感觉生活越来越沉重的道理。当我们来到这个世界上时，我们每人都背着一个空篓子，然而我们每走一步都要从这世界上捡一样东西放进去，所以才有了越走越累的感觉。”

那人问：“有什么办法可以减轻这沉重吗?”

哲人问他：“那么你愿意把工作、爱情、家庭、友谊哪一样拿出来呢?”

那人不语。

哲人说：“我们每个人的篓子里装的不仅仅是精心从这个世界上寻找

来的东西，还有责任。当你感到沉重时，也许你应该庆幸自己不是总统，因为他的篓子比你的大多了，也沉多了。”

[书外人语] 既然都难以割舍，那就不要想背负的沉重，而去想拥有的欢乐。

简单道理

|蓝 石

从前，有两个饥饿的人得到了一位长者的恩赐：一根鱼竿和一篓鲜活硕大的鱼。其中，一个人要了一篓鱼，另一个要了一根鱼竿，于是，他们分道扬镳了。

得到鱼的人原地就用干柴搭起篝火煮起了鱼，他狼吞虎咽，还没有品出鲜鱼的肉香，转瞬间，连鱼带汤就被他吃了个精光，不久，他便饿死在空空的鱼篓旁。另一个人则提着鱼竿继续忍饥挨饿，一步步艰难地向海边走去，可当他已经看到不远处那蔚蓝色的海洋时，他浑身的最后一点力气也使完了，他也只能眼巴巴地带着无尽的遗憾撒手人间。

又有两个饥饿的人，他们同样得到了长者恩赐的一根鱼竿和一篓鱼。只是他们并没有各奔东西，而是商定共同去找寻大海。他俩每次只煮一条鱼，他们经过遥远的跋涉，来到了海边，从此，两人开始了捕鱼为生的日子。几年后，他们盖起了房子，有了各自的家庭、子女，有了自己建造的渔船，过上了幸福安康的生活。

一个人只顾眼前利益，得到的终将是短暂的欢愉；一个人目标高远，但也要面对现实的生活。

只有把理想和现实有机结合起来，才有可能成为一个成功之人。有时候，一个简单的道理，却足以给人意味悠长的生命启示。

[书外人语] 理想往往是遥远的“海洋”，现实往往就是眼前的“饥饿”，要克服现实的困难去实现理想，只有毅力是不够的，还要学会与他人合作，取长补短，相携共进，大家双赢。

生命的得失

|国 平

一个婴儿刚出生就夭折了。一个老人寿终正寝了。一个中年男人因车祸而亡。在去天国的路上，三个灵魂结伴而行。

婴儿很伤心，他对老人说：“上帝太不公平了，你活了这么久，而我却等于没活过，我失去了整整一辈子。我最不幸了。”

老人说：“你几乎不算得到生命，所以也就谈不上失去。谁受生命赐予最多，死时失去也最多。长寿非福啊。”

中年人叫了起来：“有谁比我惨?你们一个还没开始生活，一个活了那么久，我却正活在中年，过去和未来都没有了。”

这时上帝说话了：“已经逝去的和还未到来的，你们全都算到了自己头上，都认为自己失去最多，有这种念头，你们都够不幸的。”

[书外人语] 得到的只是一种体验，未来的只是一种憧憬与希望，得失惟有随缘，生命才能潇洒。

遗　产

在某机关工作的小刘，工资不高，日子过得虽紧张些，但倒也平平静静。

忽然某一天，小刘接到一封海外来电，说他们家一位在海外的亲戚病故了，临终居然指定小刘为他的遗产继承人。这位亲戚是小刘爷爷的表兄弟，自己没有子女，说为了报答小刘爷爷当年对他的帮助，故而将一大幢房子及收藏赠予小刘。

天上掉下馅饼，小刘欣喜若狂，他马上打点行装，准备去继承这飞来的横财。同事们也纷纷来道喜，说小刘真有福气，祖上积德啊!

可就在小刘刚订好机票时，又接到通知说那幢大房子突然失火了，所有财产全部化为灰烬，亲戚所买的保险已经过期，故不能得到任何赔偿。

小刘空欢喜一场，退掉机票，重回机关上班。但他完全变了一个人似的，整天就唉声叹气，逢人就诉说他的不幸。

同事们原来有些羡慕和忌妒，现在又对他很同情。可时间长了，见他成天无心工作，老说此事，就有人劝他：

“算了吧，现在还不和从前一样，什么也没有失去嘛。”

“不一样啊，那可是一大笔财产啊，我这辈子都挣不了那么多。”

“在一个你从没去过的地方，一个你从没有见过的人，一幢你从没见过的房子，这和你有什么关系呀?”

“你怎么能这么说，那可是我的财产啊!”

不论同事们怎么说，小刘都难以释怀，认定是他的巨大财产遭受了损失，依旧垂头丧气，周围的人都因工作努力而发财、升官了，他还在

每天念叨："我的财产啊!"

［书外人语］生活回复到了老样子，可心理上却难归平静。命运已然给你下了定论：它以前不属于你，以后也不属于你，又何必固执地放不下呢？

骑马与走路

|雨 晴

有个人特别羡慕别人骑马，他非常渴望有匹自己的马。他觉得骑马多潇洒，而用脚走路真是太麻烦太没有意思了。

别人告诉他：要想得到马，必须用你的双腿来换。这人听了，立刻毫不犹豫地献出了自己的双腿。他于是得到一匹马。

这人骑上马真是太高兴了。马的奔驰带给他一种飞翔的梦一般的感觉。但是他渐渐地发现人不能总骑在马背上，当他下马时才发现从今后他的生活是多么的艰难。

没有马只是一点小小的遗憾，没有腿却是终身的苦难。可总有人想砍断自己婚姻的双腿，而去追寻梦中浪漫的白马。

［书外人语］这种交易的愚蠢看起来一目了然，但生活中却仍有不少人执迷不悟：用婚姻家庭去换取一时的浪漫，用健康去同金钱交易，用人格良心去换取权势……

跑得比谁快

两个人到树林里游玩。正当他们兴致勃勃地观赏自然景色时，突然发现一只大黑熊向他们跑来。

两个人一时惊慌失措，但其中一个人马上冷静下来，迅速地换上跑鞋。另一个人看着他忙碌，不解地问：

“你换鞋有什么用呢?难道你还能跑得过狗熊吗?”

换跑鞋的人说:“我不是要跑过熊，我只要跑过你就行了。”话音未落，已然窜出去。

[书外人语] 在此故事中，姑且不要去谈论道义上的问题。在残酷的生存竞争中，知道谁是你真正的竞争对手非常关键。有时候你干得不一定比“敌人”好，但至少要比同事强。

采访上帝

顾犇 译

我在梦中见到了上帝。

上帝问道:“你想采访我吗?”

我说:“我很想采访你，但不知道你是否有时间。”

上帝笑道:“我的时间是永恒的。你有什么问题吗?”

“你感到人类最奇怪的是什么?”

上帝答道:

“他们厌倦童年生活，急于长大，而后又渴望返老还童。

“他们牺牲自己的健康来换取金钱，然后又牺牲金钱来恢复健康。

“他们对未来充满忧虑，但却忘记了现在；于是，他们既不生活于现在之中，也不生活于未来之中。

“他们活着的时候好像从不会死去，但是死去以后又好像从未活过……”

上帝握住我的手，我们沉默了片刻。

我问道：“作为长辈，你有什么生活经验想要告诉子女的？”

上帝笑着答道：

“他们应该知道不可能取悦于所有人。他们所能做的只是让自己被人所爱。

“他们应该知道，一生中最有价值的不是拥有什么东西，而是拥有什么人。

“他们应该知道，与他人攀比是不好的。

“他们应该知道，富的人并不拥有最多，而是需要最少。

“他们应该知道，要在所爱的人身上造成深度的创伤只要几秒钟，但是治疗创伤则要花几年的时间，甚至更长。

“他们应该学会宽恕别人。

“他们应该知道，有些人在深深地爱着他们，但却不知道如何表达自己的感情。

“他们应该知道，金钱可以买到任何东西，但却买不到幸福。

“他们应该知道，两个人看同一个事物，会看出不同的东西。

“他们应该知道，得到别人宽恕是不够的，他们也应当宽恕自己。

“他们应该知道，我始终存在。”

[书外人语] 记住上帝的“生活经验”。

狮子和羚羊的家教

每天，当太阳升起来时，非洲大草原上的动物们就开始奔跑了。

狮子妈妈在教育自己的孩子：

“孩子，你必须跑得再快一点，再快一点，你要是跑不过最慢的羚羊，你就会活活饿死。”

在另外一个场地上，羚羊妈妈也在教育自己的孩子：

“孩子，你必须跑得再快一点，再快一点，如果你不能比跑得最快的狮子还要快，那你就肯定会被他们吃掉。”

[书外人语] 大自然的生存法则是残酷的，在人类社会中的某些领域也有类似的情况。

谋杀恐龙

|剑 朋

恐龙灭绝的原因一直是一个谜，众说纷纭，莫衷一是，最近狐狸在自己的祖谱记载中发现了答案。

当时恐龙活跃时期，百兽莫不臣服，都敬恐龙为百兽之王。恐龙性格暴躁，常常欺压百兽，大家心有怒气，但都敢怒不敢言，没办法，谁也打不过它。

狐狸的祖先老狐狸给大家出了一条计策。它告诉狮子、老虎、狼等伙伴们，不可力敌，只可智取，表面上要绝对地顺从，行动上要更加谨慎，大家都要努力讨取恐龙家族的欢心，一定要把它们侍候好，所有的食物都不要让它们亲自捕杀，大家轮流进贡，让恐龙坐而食之，特别是对小恐龙们更是如此，同时请美容师教雌恐龙化妆打扮，给雄恐龙进贡伟哥，等等不一而足。大家如此而做，自有分晓。

大家虽然将信将疑，但苦于别无他策，只好百般忍耐，依计而行。因为要负担恐龙家族的巨大开销，大家不得不百倍努力去捕食，而恐龙们见大家如此顺从，也就乐得坐而享受，整日欢乐。

数年之后，群兽们个个练得身强力壮，本领非凡，而恐龙们日益衰老退化，小恐龙个个都是食来张口的窝囊废物。老狐狸召集大家说：弟兄们，时机到了，咱们可以行动了。

一场血战后，所有恐龙荡然无存。而经此一役，狮子、老虎们都长了不少心眼，世代告诫子孙：莫要轻易当王，享受权力的好处，那也许就是个陷阱。

[书外人语] 依靠特权生存的动物，早晚都会落个恐龙一样的下场。

贪污法则

剑 朋

狐狸和狼是死对头，在动物王国中，它们一直在明争暗斗，渴望更高的位置和权力。但是狼比狐狸走运，狼被提拔了，而狐狸却什么也没得到。

怎么样搞掉狼呢?狐狸冥思苦想，终于想出一条计策。

狐狸去拜见狼，诚恳地说："狼大哥，过去我有对不起你的地方，是我错了，你一定要原谅我呀。"

狼见狐狸登门认错，心下得意，摆出大仁大义的样子说：“没什么，过去的事情别提了，咱们团结一致向前看。”

狐狸与狼倾心长谈，并积极为狼出谋划策，临走时，非要留下点小礼品不可。狼觉得也不能太不给狐狸面子，就收下了，反正狐狸也没有什么要求。

狐狸隔三差五就经常来走动，每次来都带些礼品，不轻不重，狼渐渐地也就习以为常了。

有一天，狐狸对狼说：“现在羊和猪在争一块草地，羊跟我关系不错，你看能不能帮羊说句话？”

这件事狼是知道的，不是什么大事，就替狐狸办了。之后，狐狸拿了更多的礼品来感谢。

长此以往，狐狸求狼办的事也越来越多，当然礼品也越来越多，不知不觉中，超过原则的范围也越来越远。

终于有一次，狐狸让狼办一件很危险的事，许诺事成之后定有重谢。狼不干。狐狸取出一个小本，上面记着狼每次受贿的时间、事由等，各种证据俱全，这些就足以毁掉狼的前程。不得已，狼答应再帮这一次忙，下不为例。

没有下一次了，狼东窗事发，将在狱中度过自己的余生。

[书外人语] 人们惊诧于许多贪官们天文般的贪污数字，其实在到达一定程度后，钱财对他们而言已没有实际意义了。他们又不敢造次地花销引人注目，只能担惊受怕地把钱藏起来，但是他们已经习惯于办事收钱或身不由己了。

两 棵 树

|张文彬

农夫在地里同时种了两棵一样大小的果树苗。第一棵树拼命地从地下吸收养料，储备起来，滋润每一个枝干，积蓄力量，默默地盘算着怎样完善自身，向上生长。另一棵树也拼命地从地下吸收养料，凝聚起来，开始盘算着开花结果。

第二年春，第一棵树便吐出了嫩芽，憋着劲向上长。另一棵树刚吐出嫩叶，便迫不及待地挤出花蕾。

第一棵树目标明确，忍耐力强，很快就长得身材茁壮。另一棵树每年都要开花结果。刚开始，着实让农夫吃了一惊，非常欣赏它。但由于这棵树还未成熟，便承担开花结果的责任，累得弯了腰，结的果实也酸涩难吃，还时常招来一群孩子石头的袭击。更有甚者，孩子会攀上它那羸弱的身体，在掠夺果子的同时，损伤着它的自尊心和肢体。

时光飞转，终于有一天，那棵久不开花的壮树轻松地吐出花蕾，由于养分充足、身材强壮，结出了又大又甜的果实。而此时那棵急于开花结果的树却成了枯木。农夫诧异地叹了口气，将那根瘦小的枯木砍下，烧火用了。

——有时不急于表现自己的人恰恰正是最富有竞争力、生命力最强、最有前途的人。

[书外人语] 积累不够，就急于表现，只能是昙花一现，甚至会给自身带来伤害；而厚积薄发，水到渠成的人则会长久地享受成功的愉悦。

富 乌 鸦

[俄]普里什文

树上落了一只嘴里衔着一大块什么东西的乌鸦。许多追踪这个富有者的乌鸦们立刻成群飞来。它们全都落下来，一声不响，一动不动。那只嘴里叼着东西的乌鸦已经很累了，很吃力地喘息着，不是嘛，它不可能一下子就把这一大块东西吞下去呀。它也不能飞下去，在地上从容不迫地把这块东西啄碎。乌鸦们会猛扑过去，于是就要开始一场通常所说的混战了。它只好停在那儿，保卫嘴巴里的那块东西。

也许是因为嘴里叼着东西呼吸困难，也许是因为以前它被大家追赶，已经弄得精疲力竭——只见它摇晃了一下，突然失落了叼着的那块东西。

所有的乌鸦都猛扑上去，在这场混战中，一只非常机灵的乌鸦抢到了那块东西，立刻展翅飞去。这当然是另一只乌鸦——头一只被追赶得精疲力竭的乌鸦也在跟着飞，但已明显地落在大家后面了。

结果是第二只乌鸦也像第一只一样，弄得精疲力竭，也落到一棵树上，也是终于失落了那块东西，于是又是一场混战，所有的乌鸦又去追赶那个幸运儿……

请看，富有的乌鸦的处境多么可怕，而这只是因为，它只为了它自己。

[书外人语] 不会与别人分享，最终的结果是自己也享受不到。

两只老虎

有两只老虎，一只在笼子里，一只在野地里。

在笼子里的老虎三餐无忧，在外面的老虎自由自在。两只老虎经常进行亲切的交谈。

笼子里的老虎总是羡慕外面老虎的自由，外面的老虎却羡慕笼子里的老虎安逸。一日，一只老虎对另一只老虎说:“咱们换一换。”另一只老虎同意了。

于是，笼子里的老虎走进了大自然，野地里的老虎走进了笼子里。从笼子里走出来的老虎高高兴兴，在旷野里拼命地奔跑；走进笼子里的老虎也十分快乐，它再不用为食物而发愁。

但不久，两只老虎都死了。

一只是饥饿而死，一只是忧郁而死。从笼子中走出的老虎获得了自由，却没有同时获得捕食的本领；走进笼子的老虎获得了安逸，却没有获得在狭小空间生活的心境。

[书外人语] 许多时候，人们往往对自己的幸福熟视无睹，而觉得别人的幸福却很耀眼。想不到，别人的幸福也许对自己不适合；更想不到，别人的幸福也许正是自己的坟墓。

骆驼和商人

这是一个流传甚广的故事。

有一个巴比伦商人赶着他的骆驼去远方的某个地方做生意。一个晚上，天气十分寒冷。商人支起帐篷，蜷缩在里边。帐篷外的骆驼冻得受不了了，就把头伸进帐篷，请求主人让它把头放进帐篷中取暖，商人答应了。

过了一会儿骆驼觉得头虽然暖和了，但脖子冷得不行，就把脖子也伸了进来；又过了一会儿，它把第一个驼峰也挪了进来，再过一会儿，骆驼觉得留在外边的部分更冷了，就一点一点地往进挪，最后，骆驼占据了整个帐篷，把商人挤到了外边。这个可怜的商人就只好在帐篷外冻死了。

[书外人语] 有些人与这只骆驼有共同的特征：在追求自己利益时得寸进尺永不满足，而不顾忌他人的利益；而这个商人也有许多“同伴”：他们随意打开方便之门，无原则地退让最后会把自己置于绝地。

游向高原的鱼

|红 狼

水从高原流下由西向东，渤海口的 条鱼逆流而上。

它的游技很精湛，因而游得很精彩，一会儿冲过浅滩，一会儿划过激流，它穿过了湖泊中层层的渔网，也躲过无数水鸟的追逐。它逆行了著名的壶口瀑布，堪称奇迹，又穿过了激水奔流的青铜峡谷，博得鱼们的众声喝彩。它不停地游，最后穿过山涧，挤过石罅，游上了高原。

然而，它还没来得及发出一声欢呼，瞬间却冻成了冰。

若干年后，一群登山者在唐古拉山的冰块中发现了它，它还保持着游动的姿势。有人认出这是渤海口的鱼。

一位年轻人感叹，说这是一条勇敢的鱼，它逆行了那么远那么长那么久。

一位老者为之叹息，说这的确是一条勇敢的鱼，然而它只有伟大的精神却没有伟大的方向，它极端逆向的追求，最后得到的只能是死亡。

[书外人语] 逆反是生活中不可缺少的精神，但逆反必须遵从自然规律和历史的选择，否则历尽艰辛得到的只能是毁灭。

嘹喨一聲山月高

子愷

小 故 事 中 的 大 智 慧　　[小中见大☺**智慧文丛**]

第八辑

他山之石

这是你的选择

|陈大超

一位美国小伙子看中了一位中国姑娘，便一直追着不放。最后，中国姑娘辞掉了令人羡慕的工作，跟美国小伙子结了婚，飞到大洋彼岸去了。

“我放弃了那么好的工作，远离父母跟你到美国来，这可是我为你作出的牺牲呀。”中国姑娘说。她以为这样说能把他感动，没想到他只是说：“不，不，我不认为这是什么牺牲，在我看来，这只是你的一种选择。”

她后来才认识到，美国人在人际交往中，只会尊重你的选择，而不会承认你的牺牲。这就意味着：你作出的所有决定，都必须符合你自己的心愿，符合自己的心愿才能成为自己的真正选择。这样与人打交道，才会拥有真正的平等，同时也才能赢得他人的尊重。

那位美国小伙子是一位通晓六国语言的医生，在美国很容易赚钱的，他工作一个小时就有100美元的收入。但是她却跟国内的朋友说：“我必须工作，必须学会自己赚钱。如果没有经济上的独立，就不可能作出真正符合自己心愿的选择，也就不可能赢得他长久的尊重。”

她作出了自己的选择。

[书外人语] 不可能让别人为你的选择负责，而且一定要保持自己选择的权利和自由。

气压计的故事

| [美]卡兰得拉

很久以前，我接到我的同事的一个电话，他问我愿不愿意为一个试题的评分做鉴定人，好像是他想给他的一个学生答的一道物理题打零分，而他的学生则声称应该得满分。这位学生认为如果这种测验制度不和学生作对，他一定要争取满分。导师和学生同意将这件事委托给一个公平无私的仲裁人，而我被选中了……

我到我同事的办公室，并阅读这个试题。试题是:“试证明怎么能够用一个气压计测定一栋高楼的高度。”

学生的答案是:“把气压计拿到高楼顶部，用一根长绳子系住气压计，然后把气压计从楼顶向楼下坠，直到坠到街面为止；然后把气压计拉上楼顶，测量绳子放下的长度。这长度即为楼的高度。”

这是一个有趣的答案，但是这学生应该获得称赞吗？我指出，这位学生应该得到高度评价，因为他的答案完全正确。另一方面，如果高度评价这个学生，就可以给他物理课程的考试打高分；而高分就证明这个学生知道一些物理学知识，但他的回答又不能证明这一点……

我让这个学生用6分钟回答同一问题，但必须在回答中表现出他懂得一些物理学知识……在最后一分钟里，他赶忙写出他的答案，它们是：把气压计拿到楼顶，让它斜靠在屋顶的边缘处。让气压计从屋顶落下，用秒表记下它落下的时间，然后用落下的距离等于重力加速度乘下落时间的平方的一半算出建筑物的高度。

看了这答案之后，我问我的同事他是否让步。他让步了，于是我给了这个学生几乎是最高的评价。

正当我要离开我同事的办公室时，我记得那位同学说他还有另外一个答案，于是我问是什么样的答案。学生回答说:“啊，利用气压计测出

一个建筑物的高度有许多办法。例如，你可以在有太阳的日子在楼顶记下气压表的高度和它影子的长度，又测出建筑物影子的长度，就可以利用简单的比例关系，算出建筑物的高度。”

“很好，”我说，“还有什么答案？”

“有呀，”那个学生说，“还有一个你会喜欢的最基本的测量方法。你拿着气压表，从一楼登梯而上，当你登楼时，用符号标出气压表上的水银高度，这样你可以用气压表的单位得到这栋楼的高度。这个方法最直截了当。”

“当然，如果你还想得到更精确的答案，你可以用一根弦的一端系住气压表，把它像一个摆那样摆动，然后测出街面和楼顶的g值（重力加速度）。从两个g值之差，在原则上就可以算出楼顶高度。”

最后他又说：“如果不限制我用物理学方法回答这个问题，还有许多其他方法。例如，你拿上气压表走到楼房底层，敲管理人员的门。当管理人员应声时，你对他说下面一句话，‘亲爱的管理员先生，我有一个很漂亮的气压表。如果你告诉我这栋楼的高度，我将把这个气压表送给您……’”

［书外人语］你在工作生活中可以向这位学生学习，开发自己的想象力和创造力。但在考试时还是规矩一点好，目前我们的老师可能不会对你别出心裁的答案感兴趣。

“信誉局”的威力

|张 玉

几年前，我在美国佛罗里达国际大学商学院学习，一天上午，我到迈阿密城区购物。在街头等公共汽车回校时，我看见一位金发碧眼、婀娜多姿的姑娘开着一辆白色小轿车，在路边有停车计时器的地方走走停停地抄着、写着，并不时地撕下一张巴掌大的黄纸条，扯去不干胶条，往停车计时器前停放的车辆前窗上一贴，然后走开。我好奇地走过去问她在干什么。她笑着告诉我她是稽查员，在检查停车超时情况。

“你怎么知道这车超时了？”我不解地问。

“你看这停车计时器，上端显示红牌的，就是超时了。”

“停车超时了有什么关系？”我对此表示不理解。

稽查小姐笑容可掬地向我这个外国人作解释，这一带是迈阿密有名的黄金海岸线，来来往往的游客很多，停车经常找不到车位。为了大家办事方便，在政府机构办公区和大商社前街道路边设有临时停车点，安装有停车投币计时器。计时器上设定的最长停车时间为两小时，收费低廉，超时罚款。有的人图方便，把车停在街边；有的人怕超时罚款，便采用变通的办法，每两小时回来投一次币；但也有不少人游兴大发或办事拖延了时间，停车计时器自然毫不客气地亮出红牌。“游客和办事时间长的人，应找停车场停车。如果大家都乱停车，就谁也办不成事。”稽查小姐一本正经地说。

“你又没有当面抓到这些人，就把罚款单贴在人家的车窗前，人家不认账，不缴罚款，你也无可奈何。”

“没关系，”稽查小姐满脸笑容地对我说，“我记了他的车号和罚款金额。第一次他不去缴罚金，我权当大风刮跑了罚款单，原谅他；第二次他不缴，我仍当做他没有看见，不是故意不缴；第三次他还是不缴，对

不起，事不过三。我把这三次违规不缴罚金的记录寄到信誉局(Reputation Bureau)，信誉局将此行为记录在案，此人的信誉就有污点了，而信誉局的电脑记录资料是对社会各界公开的。从此，他购买大件物品想要享受分期付款的优惠，商家一查信誉局的记录，便会拒绝他；他想找个好工作，用人单位一查记录，便会觉得此人不可信赖；他要找银行申请贷款，银行一查记录，也会断然拒绝。总之，他要想在这个社会过上等人的体面生活就没门了。”

好一个信誉局，好一个记录在案！我不得不佩服美国人的精明。在这个自由的资本主义市场经济中，靠这把温柔得几乎看不见的杀手锏，任何有良知、想过体面生活的人都不敢胆大妄为，而必须遵守规矩。这么一位婀娜的姑娘，单枪匹马地驾驶着轿车穿梭于各街区，只需记下小红牌处的车号，在车窗前贴上一张黄纸条的罚款单，余下的事便可以不管，轻松愉快效率高。既不用与车主打交道，口干舌燥地解释，也不用担心碰上野蛮的车主甚至被殴打一顿的危险。而车主看到这张小黄纸条，就得乖乖地到指定地点缴罚金。真是兵不血刃，不战而胜！

这就是美国的市场经济秩序，这就是间接管理的一斑。透过这一斑，我懂得了什么是管而不死，放而不乱。

市场经济不仅仅是法制经济，更是诚信经济。离开了人类的诚实本性，不讲道德信誉，市场经济的大厦就宛如建立在失去了坚实基石的沙滩上，任何风吹潮涨，都会使大厦顷刻崩塌。

[书外人语] 在我们国家，什么时候能建立起类似的机构与机制呢？有人说建这样的机制成本很高哟，可是没有这样的机制，我们付出的代价更高。

富 人 区

|冯骥才

在洛杉矶，一位美国朋友开车带我看富人区。美国人最爱陪客人看富人区，好似观光。我问他:“你们看到富人们住在这么漂亮的房子里，会不会嫉妒?”

这位美国朋友惊讶地看着我，说:“嫉妒他？为什么？他能住在这里，说明他遇上了一个好机会。如果将来我也遇到好机会，我会比他做得还好!”这便是标准的“老美”式的回答。他们很看重机会。

后来在日本，一位日本朋友说他要陪我看看不远的一处富人区，我又想到上次那个问题。这个日本朋友稍稍想了想，摇摇头说:“不会的。如果一个日本人见到别人比自己强，通常会主动接近那个人，和他交朋友，向他学习，把他的长处学到手，再设法超过他。”噢，日本人真厉害。我想。

前不久，一位南方朋友来看我，闲谈中说到他们的城市发展很快，已经出现国外那种“富人区”了。据说有的院子里还有喷水池、车库，门口有保安，还养大狼狗。我无意中再次想到问过美国和日本朋友的那个问题，拿来问他。

“嫉妒?”他眉毛一扬，笑道，“何止嫉妒，恨不得把那小子宰了!”我怔住了，半晌无言。

[书外人语] 富人看不起穷人，穷人“恨”富人，这是一种社会病态。

选择的自信

|［美］王伯庆

来美国的有些亚洲新贵们，很快就发现他们身边少了一份熟悉的羡慕，多了一份失落。于是，他们随时分发印有董事长头衔的名片，并不管用。于是，又一掷千金，买下华屋名车。可气的是，竟然连那些居斗室、开破车的美国佬也“我自岿然不动”，不肯景仰擦身而过的奔驰老总。当然更不会有人注意到他们袖口或领口的名牌商标。在美国，高薪、华屋、名车的群众号召力没有在新富国家那样大。

很多美国人身为粗工阶层，也是心满意足。当你出入豪华宾馆时，为你叫车的男孩不卑不亢，礼貌周到，你会感到他的自信。他未必羡慕你我选择的道路。千千万万的美国人按照自己的实际情况选择了职业，选择了生活的各个方面，也活出了一份自信。于是，让那些在本国高高在上的贵人们到了美国来就傲气顿失。

一个访美的亚洲官员讲：我在国内时别人见我就点头哈腰，可是在美国连有些捡破烂的人腰扳都挺得直直的。

我原来工作的办公室里有个维护计算机系统的老美，大学毕业，工作十年了，很平常一个人。处久了，我们每天见面时也侃几句。一天，我开导他：“你为什么不去微软工作呢？几年下来股票上就发了。”他说：“我不喜欢微软，这儿挺好。”

后来我发现他有一张合影照片，他，他姐姐、姐夫、比尔·盖茨，才知道他姐姐是早年跟比尔·盖茨打下微软江山的功臣，现担任Microsoft的副总裁，也是亿万身家了。一问，办公室里有人知道，却没人跟他套近乎，大家把他支来支去。他不求致富，有一份淡泊的安详。

你会发现，美国很多的博士们找工作，首选是做教授。做教授可比去公司穷，还辛苦，但有更多的学术和时间自由。我有个朋友，在一所大学任助理教授，美国几个最大的制药公司请他去主持一个R&D部门，开价是他在学校年薪的三倍。他不去，就要做教授，还劲头十足地约我写论文，回国开讲座，其乐陶陶。

最近他因为一项被美国医疗服务协会称为“挑战传统的发现”，而受到美国主要媒体的关注。一个同系的老美教授告诉他说：我搞了多年的研究，好希望自己的研究成果也能引起如此的反响，并且还认真地给这位老兄出主意，怎么样把这事的影响扩大。如果我是他的同事，我是否会像那位老美一样为他的成功真诚激动、锦上添花呢？

因为有自信，你的美国同事和朋友也乐于恭喜你的成功。没有自信，你很难心平气和地去祝贺你身边的同胞，哪怕是密友。有时倒不是因为他抢了你的机会，而是他的成功恰好勾起了你的自卑和由此产生的嫉妒，你的心态难以平衡。若要以他人的不成功为骄傲的基础，你是把自信建立在了自卑的沙堆上。当他人的成功浪潮袭来之时，你将如何安身立命？

有一位朋友，拿到一个名牌大学的教授职位，高高兴兴地从麻省来加州赴任，先租公寓房住。自己是教授，住的公寓当然不差。隔壁邻居是一家墨西哥人，每天见面都打招呼。聊天时老墨中气十足，没什么文化，但神色之间透出对生活相当满足的自信。这位仁兄想，这老墨虽没有文化，敢跟我大教授谈笑风生，想来也是生意上有成之辈。

结果不然，这老墨没有工作，全靠五个小孩的政府补助过活，每人每月几百元钱，还有食品券。这位朋友感慨地讲，恐怕克林顿总统来了，这老墨也不会腿软。职务也许不能帮助你去吸引自信的朋友，话不投机半句多。

在这片崇尚自由呼吸的土地上，当你我理解并尊重他人的选择，就不会试图用高薪去让一个自命清高的教授下海，用博士学位去让一个讲求实惠的蓝领汗颜，用奔驰去让一辆招摇过市的旧车愧退，用华屋去让一位与世无争的高邻气短。

有一个故事，事情发生在1997年12月11日。美国著名的悄悄话专栏女记者辛迪·亚当，想约克林顿总统的夫人希拉里来个单独采访。多番努力，终于搞定，克太太同意在她出席了纽约曼哈顿大学俱乐部的一个妇女集会后，跟辛迪谈一个小时。

采访就定在曼哈顿俱乐部里。这个俱乐部有着百年历史，注重传统，古色古香。辛迪先到，在大厅候着。到了时间克太太还没来，她坐不稳了，悄悄地把大哥大拿出来，想打个电话问一下，守门的老头过来了，说:“夫人，你在干什么?”

辛迪说:“我跟克林顿夫人有个约会。”老头说:“你不可以在这个俱乐部里使用手机，请你出去。”说完后老头就走了，辛迪收起了手机。

一会儿老头又来了，看见这女人没走，还与克林顿夫人在大厅里高谈阔论，在场的有总统府的高级助理们。老头不乐意了，说:“这是不能容许的行为，你们必须离开。”克林顿夫人说:“咱们走。”乖巧地拉上辛迪就出去了。

这个老头可不是贾府门前的焦大，他选择了守门，拥有了一份权贵们不敢在他面前猖狂的自信。要是有一天北京大学有一位守门人能挡出去一个政府部长，你我兄弟也许就可以把求职简历寄过去啦。

权势人物的气度是制度和人民调教出来的，常常是有什么样的人民就有什么样的领袖。

知道吧，比尔·盖茨想参加哈佛的同班聚会，被有些同学拒绝了。是呀，你盖茨选择了中途退学，跟同学没多大关系，聚个嘛劲？选择了在哈佛毕业的同学未必都选择了向金钱屈膝。

[书外人语] 选择一份自己喜欢的工作，过一种自己喜欢的生活，你的金钱和权势与我有什么关系？

我看犹太人

|海 龙

一个犹太朋友曾告诉我犹太父亲教育儿子的故事：一个慈父把3岁的儿子放在窗户上叫他往下跳，父亲在下面接，孩子玩得忘情而高兴。到了第三次，孩子又欢快地跳下，但父亲并没去接，可怜的孩子跌在地上哇哇大哭，慈祥的父亲则在一边暗笑。孩子抱怨父亲为什么不接反而欺骗了他。父亲在儿子惊恐之余，循循善诱地教导儿子："你为什么以为我接了你前两次，就一定有理由第三次再接你？你为什么以为我是你父亲，就一定会帮你？"

当然，这样的教育孩子一定终生忘不了，但是我想这有点儿太残酷了，为什么要在孩子幼小的心灵印上如此阴沉深重的刻痕？为什么在孩子那么小的时候就学会怀疑和仇恨？

犹太朋友的辩驳却令我惊讶。他说："犹太人为什么不能怀恨？一个被逼得逃离了自己家园数千年，一个被逼得操贱业、受人宰割而只能忍辱偷生以苟延残喘，一个世世代代浪迹天涯，深知做人不易和世态炎凉的民族，为什么没有怀恨这个最后的权利！"

我被他的逻辑震惊了。

犹太人给人的印象在于他们的抗争、奋发与要强。由于灾难深重，犹太人颇有来由地盼着有一天出人头地。从中世纪开始，就亦步亦趋地理财赚钱，几乎成了整个世界的理财家和商人，到了当代这个金钱万能的社会，焉能不红、不发！站在财界顶端的犹太人终于扬眉吐气了，跨进政界、学界及企业界，主持世界事务。由于曾经长期处于世界的底层，犹太人学会了隐忍。但是犹太人深知，要想翻身，必须注重教育，所以在犹太人心中，教育是宗教，是铁律，诋毁教育或不接受教育都属犯罪。不管多贫困，男孩子都要受教育。整个世界的犹太人都同属于一

个社会。全世界的犹太人帮穷的犹太人读书。犹太人很珍惜金钱，但在这事上义不容辞，他们不忍、不敢吝啬。这类的吝啬者会为犹太民族所不齿。

犹太人守时，因为世代经商，知道时间是金钱的道理。犹太人圆通，商人不敢不圆通。犹太人也执拗，人有了钱，会学会执拗的。

由于有上面的特征，有很多人说犹太人像中国人。西方人说像，犹太人自己承认像，中国人也乐于说像。比起讲科学认死理的西方人来，中国人与犹太人都重教育、守时、圆通、善解人意、乐于应酬、爱言商事、保守、轻视女性、关心政治、实惠、在不影响大局的情况下善于妥协、见风使舵等等，实在不只是像，简直是兄弟。

但是与犹太人接触久了，会发现中国人跟犹太人很不像。在好多事上，犹太人比中国人有眼力、顽强、坚忍，知道团结的道理，事事抱团；还有，犹太人公然教导宣扬怀恨和记仇。

每年春末，在哥伦比亚大学校园里总是有人拿着喇叭没日没夜地念人名，一念就是好多天，校园中间主干道上从东到西都用粉笔密密麻麻地写满了人名，起初颇不知其所云，后问友人，知是犹太学生在悼念二战中被虐杀的死难同胞的名字。日日夜夜，每人轮值一小时，厚厚的、无尽的名单，几乎没人听，甚至没人留心，大多数的外人不知他们在干什么，风风雨雨，烈日暴晒，他们全不在乎，只是一心一意地念。被念的死者的名字瞬间随风飘去了，粉笔写在地上的字也保存不了多久，这些东西都很容易抹掉，但这种行为的符号意义却永远抹不掉。

我想，世界上没有一个人敢于小看或忽略这个民族、这种刻骨铭心的恨。可惜中国人太聪明了，不愿干这些明知“无用”的小事。我常想，中国人若能有一丝这样的精神，日本人也不敢在屠杀了那么多中国人以后死不认错，与之相比，德国人已诚恳、胆战心惊地认错了，直到今天还在退赔战争中的一切，犹太人仍不依不饶。顺便说一句，犹太人至今仍抵制德国货。在犹太人所购货品中，哪怕有一颗螺丝钉是德国的，他们都坚决不买。

犹太人为人很自私，而且他们并不掩饰这种自私。中国人也自私，但很掩饰，重谦让，容忍，把自私包装起来，较愿意看得远一点，于人于己都有利。笑脸迎人，老到，圆熟，富有难解的人情味，“东方神秘主义”，这是比犹太人“棋高一着”的地方，也是西方人最难理解的地方。

在行商上，犹太人重信用，讲商业道德，货真价实；但生意永远总归是生意，生意做完，翻脸无情。中国人热情缠绵，生意不止是生意，表面上情义兼顾，内心里的信誉常悬个问号，轻诺而不重契，先是满面温情而后剑拔弩张，起于哥们儿义气而终于对簿公堂，这倒不如犹太人痛快。

在纽约布碌伦区的正宗犹太人，穿一袭黑衣，大礼帽下扣瓜皮小帽，大胡子垂胸，裤子口袋下满垂缨珞。跟这类人做生意你不必担心，虽然有人说他们做生意狡诈，但他们绝不走邪门歪道，说出去的话一定算话。可有一件，他们至今异性在公开场合是不能相互握手的，即使是在做生意也是如此。但正是这一个民族，竟是女权主义的孳生地和急先锋，大多数的女权主义理论家是犹太女人。犹太人家里主政的也绝对是女人，她们专司家里的一切事务和子女教育，这就是世所周知的“犹太人的妈妈”制度。

犹太文化就是这么一个奇异的充满了矛盾的文化。

[书外人语] 也许我们的生活和工作并不需要我们走出国门和犹太人打交道，但这不是拒绝了解和学习一个优秀民族的理由。

美国素质教育故事

[美]黄全愈

创造性能不能教

妻子刚来美国时的英语家庭教师叫辛西亚，其夫为迈阿密大学美术学院院长。通过辛西亚的“后门”，我们把刚5岁的儿子矿矿送到迈阿密大学美术学院办的绘画班学习。

谁也想不到，儿子才去了不到5次就开始叫唤，不想去了。

儿子说:“老师根本不教绘画，一点都不教！每次都是给一个题目，就让我们自己画，想怎么画就怎么画，爱怎么画就怎么画，老师一点不管。画完了老师就知道说‘好哇！好哇！’好什么好？！那些美国小孩的画，根本就是一塌糊涂！”

说得多了，引起我的注意。一天，我进去一看，儿子一脸无所适从、无可奈何的神情。天哪，其他孩子有站着画的，有跪着画的，也有趴着画的，说“八仙过海”一点不为过。“八仙”们的笔下所绘，更是不敢恭维：不成比例、不讲布局、不管结构、无方圆没有规矩，甚至连基本笔法都没有。

我们同意儿子不再上这种“误人子弟”的绘画班。老师哪里是在教绘画，简直是在放羊！

每次儿子画完画都要问:“像不像？”

我发现，美国孩子在画完画后，是从来不问“像不像”的，只问“好不好”。我们可以来深究一下“像不像”的问题。美国孩子学绘画，老师往往不设样板、不立模式，让孩子从现实生活到内心想象的过程中自由“构图”。因此，美国孩子画完画后，只问“好不好”，不问“像下像”。

回答“像不像”的问题，是指“复印”得如何；回答“好不好”的问题，则是指“创造”得如何。

绘画是一种技能，是一种可以被创造利用的技能，也可以是一种扼杀创造、重复他人的技能。技能是可以由老师传授的，但创造性是无法教出来的。许多中国孩子具有很高的COPY（拷贝）"能力"，但欠缺基本的创造力。

矿矿刚刚结束了一次数学期中考试，主要内容是对数方程。在英语中，log可以是数学中的对数，也可以是原木、木材的意思。考完试，矿矿在试卷上画了一只很善于咬原木的河狸，手中拿着一块木头，说："log are fun！"（"木头"真有趣味！）数学考试本身得了100分，老师又给试卷上的画"原木和河狸"加了0.2分，一共是100.2分。0.5分以下是不算分的，矿矿并没有因为在试卷上画这幅图而多得了数学分。然而，这个0.2分却表达了老师对学生的数理逻辑、形象思维和自信心的充分肯定。

创造力不同于智力。创造力包含了许多非智力因素。如人的个性和独立性等等都是非智力因素。一个创造力很强的人，必须是非常有独到见解、独立性很强的个性完善的人，必须是一个在常规势力面前百折不挠的人，同时又是一个具有很强的记忆力、丰富的想象力、敏锐的观察力、深刻的思考力、清晰的判断力的人。因此，创造力强的人智商一定高；但是智商高的人，不一定创造力就强。智商极高的学生可以赢得国际奥林匹克知识竞赛奖，但是惟有创造力极强的人才可能获得诺贝尔奖！

创造性不能教，首先是因为"知识与技能"和创造性是风马牛不相及的两种概念。其次，凡是能传给他人的，一定是可以重复的，而可以被他人重复的则一定不具有创造性。正像人的智力不能从老师传给学生一样，创造性是潜伏在人的生理和心理层面的特质，也是无法从A传到B的。

创造性只能培养，不能教！

孩子能不能搞研究

美国教育的另一个特点就是为孩子独立研究、独立动手能力的发展提供所需的时间和空间。

矿矿在上小学二年级时，就开始搞“研究”了。第一次从矿矿嘴里听到“研究”一词时，着实让我乐了一阵。那时矿矿才8岁。刚开始能读些稍厚点的书，写些由几个长句子拼凑成的所谓“文章”。一天，他从学校回来，一进门就缠着妻子带他去图书馆，说是他正在作一个关于蓝鲸的研究，要去图书馆找参考资料。

“老师说了，研究论文至少要有三个问题。要写满两页纸。”

“才二年级，你懂什么研究？”看着儿子那一本正经的样子，溜到嘴边的话打住了，赶紧让妻子开车带着儿子上图书馆去。

临走之前我对妻子开玩笑地交代说:“如果市里的公共图书馆找不到好的参考资料，你们可以到迈阿密大学图书馆去看看。”

两个多小时后，母子两人抱着十几本书回来了。一进门，妻子就抱怨:“都怪你提什么到迈阿密大学图书馆。矿矿非让我带他跑了两个图书馆，还说老师说过参考资料要来自不同的地方。”

我翻了翻矿矿借回的“参考资料”，十几本都是儿童图画书。有的文字说明部分多些，有的少些，全部是介绍关于蓝鲸和鲸鱼的知识性书籍。

随着儿子对那十几本书的阅读及“研究”的深入，我和妻子也不断地从矿矿那儿获得有关蓝鲸的知识：蓝鲸一天要吃4吨虾；寿命是90到100年；心脏像一辆汽车那么大；舌头上可以同时站50到60人。

说实在的，我以前只知道蓝鲸很大，其他就不知道了。这回矿矿告诉了我不少我第一次听到的东西。

这样，矿矿终于完成了他有生以来的第一份研究报告：《蓝鲸》。论文是由3张活页纸订成的。第一张是封面，上面画着一条张牙摆尾的蓝鲸。蓝鲸的前面还用笔细细地画了一群慌慌张张逃生的小虾。在封面的左下方，工工整整地写着By Kuangyan Huang（作者：黄矿岩）。论文含4个小题目：介绍；蓝鲸吃什么；蓝鲸怎么吃；蓝鲸的非凡之处。

我不知道矿矿是怎样决定这些小标题的，也不知道他为什么对蓝鲸的饮食问题这么感兴趣？总之，老师要求至少写3个题目，矿矿完成了4个，好歹也算超额完成任务了。小标题下的正文不过一两句话，既没有开篇段，也没有结论段，读起来倒也开门见山。

这是我一生中所看到的最简短的论文，当然这也是一篇最让我感兴趣的论文。问题不是儿子在此次研究中学到了什么有关蓝鲸的知识，我更感兴趣的是，从这次研究的经历中，孩子获得了什么？学到了什么？

孩子从一开始就摆开一副正经八百作课题研究的架势：收集资料，阅读，找观点，组织文章……一步不差，一丝不苟。从决定题目，到从那十几本书中发现对自己研究有用的资料，到着手写文章，孩子始终处在一个独立工作的状态下。他必须用自己的脑子去思考，去筛选材料，去决定“研究”方向……这个收获要比知道蓝鲸有多重、多长更具价值。

孩子毕竟是孩子吗

1999年秋季，矿矿到天主教会办的Moeller私立男校去上高一（即国内的初三）。美国到了高中才有校际间的足球赛，能不能参加校队需要充分地尊重每一个孩子平等的竞争权利：即任何一个孩子都可以报名参加，但最后能不能留在队里，则看你自己能不能通过叫“淘汰竞争”的测试。换言之，“起跑线”是开放的，谁都可以来参加竞争，但最后能不能成为队里的一员，要看你整个竞争过程的表现，看在“终点线”上的“判决”。

矿矿和他初中的好友麦德为了参加足球队，决定参加“淘汰竞争”的测试。麦德的哥哥是该校橄榄球队的队员，放出风来：“淘汰竞争”非常残酷……看儿子那跃跃欲试的样子，我和妻子决定去看一看。

“淘汰竞争”于7月16日下午3点开始，烈日当头，但参加各种运动队的试训者熙熙攘攘。我虽戴遮阳帽，还顶不住酷热，钻到树阴底下。

学校要组建A、B、C三支足球队，一般来说是按年龄和球技分队，但为了鼓励竞争，低年级身体壮、技术好的球员，也可以“提拔”到高年级的队来。每队需要约25名正式球员，但参加试训者约有200人。

开始是环校跑，可能有1500米，一圈下来，矿矿跑在中间；接着是三组400米跑，矿矿是中上水平；又接着四组100米折返跑，矿矿还不错，大约在第四、第五名之间，我以为大概就差不多了吧，看孩子们累得那个样，歪歪斜斜的，该淘汰谁淘汰谁吧。谁知道，试训并没有结束，又进行两圈环校跑，三组400米，四组100米折返跑。这一轮下来，直看得我胆战心惊，以为总该结束了吧。万万料不到的是，又进行第三轮，我看不到自己的脸，反正妻子的是失色了。

场上有孩子晕倒，有孩子抽筋，有孩子呕吐……

我真想把孩子叫回来，不要试了，那个球队也没什么大不了的！但要在众目睽睽之下，把孩子叫回来——做第一个，也可能是唯一一个主动退下来的人，又实在难以决断。最后，孩子们到底跑了多少，我们没有数，孩子也记不得。

麦德一边跑，一边吐，一边说:“这就是基督教的学校，这就是基督教的学校……”

更奇怪的是，我和妻子是唯一到场观看的家长。到底是美国家长知道如此残酷，不愿来看呀，还是根本就认为是孩子的事而不来看？我迷惑了。

看着面色煞白、一拐一拐的儿子，好心痛！真想出言劝他，但看儿子并没有退出的意思，又说不出口。于是，我拐着弯儿说:“那些跑在后面的，都看着没有希望，为什么还不干脆退了?!”

儿子看也没看我，说:“爸爸，自己退出来和选不上是不同的，你可以退出足球队，也可以退出网球队，退来退去，你还能往哪里退呢？没有到最后一分钟，谁都还有机会。跑在前面的，可能下一轮就挺不住了呢！”这是他在这个既充满机会，又充满竞争的美国社会里“悟”到的！

后来，他参加了足球队。一次，在滂沱大雨中训练，美国家长们一个个坐在名车里静静地等着。我看着那朦朦胧胧中的柏林童话似的住宅，再看在泥水里翻滚的孩子们，我似有所顿悟，但顿悟了什么，我也说不清楚。

大树是由小树长大的，小树是由种子长成的。在孩子还毕竟是孩子的时候，就要植根于社会，才能长成栋梁之材。如果以为“孩子毕竟是孩子”，就把他们关在教室里，书斋里，那么失根于社会的种子，就只能是一颗永远不发育的种子。

［书外人语］编者之所以破例选入本篇稍长的文章，是因为这几个事例太精彩了，实在不忍割爱。一个世界上最强大的国家是怎样教育孩子的呢？我们大人和孩子都应从中学些什么呢？

人生第一课

|沈 洪

这是美国一家普通的幼儿园。

刚刚入园的儿童被老师带进幼儿园的图书馆，很随便地坐在地毯上，接受他们的人生第一课。

一位幼儿园图书馆的老师微笑着走上来，她的背后是整架整架的图书。

“孩子们，我来给你们讲个故事好不好？”

“好！”孩子们答道。

于是老师从书架上抽下一本书，讲了一个很浅显的童话。

“孩子们，”老师讲完故事后说，“这个故事就写在这本书中，这本书是一个作家写的。你们长大了，也一样能写这样的书。”

老师停顿了一下，接着问：“哪一位小朋友也能来给大家讲一个故事？”

一位小朋友立即站起来。“我有一个爸爸，还有一个妈妈，还有……”幼稚的童声在厅中回荡。

然而，老师却用一张非常好的纸，很认真、很工整地把这个语无伦次的故事记录下来。

“下面，”老师说，“哪位小朋友来给这个故事配个插图呢？”

又一位小朋友站了起来，画一个“爸爸”，画一个“妈妈”，再画一个“我”。当然画得很不像样子，但老师同样认真地把它接过来，附在那一页故事的后面，然后取出一张精美的封皮纸，把它们装订在一起，在封面上写上作者的姓名、插图者的姓名，“出版”的年、月、日。

老师把这本“书”高高地举起来：“孩子，瞧，这是你写的第一本书。孩子们，写书并不难。你们还小，所以只能写这种小书；但是，等你们长大了，就能写大书，就能成为伟大的人物。”

人生第一课结束了，在不知不觉之中，孩子受到了某种“灌输”。如何看待这种灌输呢？

[书外人语] 这样的灌输使孩子们从小就“站着”，不会光“趴着”去看待那些大人物。这种自信心与健全的人格会为人的一生打下一个良好的基础。

再富也要“穷”孩子

|李北兰

澳大利亚属发达国家，人民生活较为富裕。然而，富裕的澳洲人却信奉：“再富也要‘穷’孩子！”他们的理由是，娇惯了的孩子缺乏自制力和独立生活的能力，长大后难免吃大亏。

“孩子应当比大人少穿一件衣服。”这是一位澳大利亚邻居见我把孩子包裹得像一个“棉花团”时所说的话。事实的确如此，就是在最冷的月份，也很少见哪一位澳大利亚人的孩子穿棉衣和防寒服，最多只是在“短打扮”外面罩一套深蓝色的绒衣，便无事一般地行进在寒风之中。而太阳一出来，便又将绒衣除去，只穿短衣、短裤、短裙。在我们公寓附近有一所体操学校，每日傍晚训练结束时，常见家长陪着光头、赤脚、只穿背心短裤的孩子从学校里出来，尽管寒气袭人，但很少见家长大惊小怪，为孩子拎鞋、戴帽、披衣。澳洲的冬天虽然不是很冷，但早晚温差较大，气温常在摄氏10度以下，以我们亚裔人的眼光来看，孩子做“短打扮”实在是穿得太少了。

“澳大利亚人的孩子才得打‘粗’哟！”这是我们亚裔父母见面时百说不厌的话题。无怪我们感叹，因为我们周围的澳大利亚邻居均是用“粗’来打磨顺境之中的孩子。澳洲污染小，太阳辐射异常强烈，初来乍到者稍不注意就会被晒得皮开肉绽。然而走在大街上，却不时见到母亲推着婴儿车在炎炎烈日下前进——那车上并非没有遮阳棚，只是没有撑开而已。你也许要说:“澳洲人喜欢阳光浴……”这话不假，但考虑到此时高温三十八九度，就不能不说这些母亲是“别有用心”了。

曾在悉尼一家妇产科医院看见这样一幕：一对夫妻来做二胎产前检查，妻子进诊室面见医生去了，丈夫便带着两岁的女儿在外面大厅等候。少顷，女儿闹着要喝水，于是那父亲便在身旁的自动售货机上顺手

扯了一个免费纸杯，冲进厕所接了一杯自来水便递到孩子手里（自来水经过净化，可以饮用）——那父亲不是买不到饮料，自动售货机正出售一元一杯的可口可乐和橙汁；而他也不是买不起饮料。据说，他是一家体育用品公司的主管，年薪15万元。

其实，这种“穷”待孩子的现象并非个别。每逢给孩子注射防疫针的日子，社区儿童保健站里便排成长龙。排队中，便常见家长将还不会走路的孩子甩到地上(铺有地毯)，任其去爬、去啃、去打滚，孩子哭喊也只是安慰两句，绝对看不见一哭就抱的现象。澳洲人酷爱勇敢者的运动——冲浪，无论是炎夏还是寒冬，父母都常带孩子去海滩，小孩子褪尽“束缚”，光着脚丫自己去玩沙、玩水；稍大一点的孩子便跟着父母下海冲浪，呛水的现象时有发生，但父母最多也只是为其拍拍背，便鼓励孩子再次下海去搏击风浪。某日到海滩散步，在远处看见一个孩子冲浪回旋时摔了跟头，我便情不自禁地大叫起来：“救人！”而正在近处的孩子的父母却不慌不忙：

“那是浅水，淹不死人……，让他自己爬起来！”

至于说到吃，不能不承认也有故意“穷”孩子的成分。澳洲的中学和小学中午不放学，午餐可以在学校餐厅购买（也只有汉堡包之类的粗糙食物出售），也可以自带。但自带的占了大多数，一般是一瓶可乐再加一个汉堡包和一只水果。孩子们出外旅游，如需就餐也不过是光顾既便宜又实惠的“麦当劳”。如果仅从孩子们所带的食物上来判断，任你怎么也判断不出其家贫还是家富。

其实，澳洲人对“再富也要‘穷’孩子”并非像日本人那样刻意为之。用他们的话来说，不过就是“为未来着想”——孩子们长大了早晚要离开父母去自闯一片天地，与其让他们那时面对挫折惶惑无助，还不如让他们从小摔摔打打，“穷”出直面人生的能力和本事……面对这并不算太新鲜的观念，我不禁陷入深深的思考：与已经踏入富人俱乐部的澳洲相比，我们对孩子的呵护是不是太多了一点？

［书外人语］相形之下，我们的做法是“再穷也要‘富’孩子”。不否认，我们是只生一胎，孩子比较金贵，可是他们长大以后总要去跟人家竞争生存的呀。

一步到位的开店精神

|林 夕

朋友从日本回来，想投资开一个日式料理店，我帮他选择地点。我们跑遍了整个城市，看了无数的房子，最后他从中挑选出10个，列为准店，把它们在位置、环境、布局等方面的优劣列成清单，反复比较，从中优选出3个，然后把这3个店的位置、环境、布局及服务内容等方面列成一个更为详细的调查表，委托一家信息咨询公司做市场调查，根据调查回馈，最后确定其中一个，接下来开始装修。朋友请来装修公司，详细地讲述他的意图，对方耐心地听着，我也在一旁听着。开始还为他的认真感动，到后来就有些不耐烦了，他也真是太详细了，不仅店内所有的空间包括门厅、厨房、卫生间里的每一个角落都不放过，而且，店外远至百米的路段也做了精心布置，简直精细到极点。我看着他，突然感觉有些陌生，原来挺豪爽大气的一个人，几年不见，怎么竟变得婆婆妈妈，心细如针?

店终于按照朋友的要求装修好了，进到里边，给人的第一感觉是舒服，第二感觉还是舒服，你能想到的他全想到了，你没想到的他也想到了，可他还不放心，让我们帮他挑毛病，看看还有什么没想到的地方。我看着他，越发觉得他陌生了，从选店到装修，不仅多跑了许多路，多花了许多钱，更重要的是，花了许多时间，如果换成我，现在早营业赚钱了，可他还在这儿挑毛病。我说："挺好的，赶快开业吧，早开一天早收入一天。"

朋友看着我说，"正式开业还要等一个星期，从明天开始，我请你带朋友来吃饭，全部免费，但有一条，每吃一次，至少要提一条意见。"

"为什么?"

"因为在日本，不能让客人等候超过5分钟，不能让他有任何不满意的地方，现在开业，我没有把握，所以我付费请咨询公司替我找最挑剔的顾客来，如果你方便也请你来，多挑毛病，拜托了!"

"你也太认真了，这是在中国，不用这样，要我说，先开业，发现问题再说，现改也来得及。"

"不，我不能拿顾客做试验，在日本，我做过调查，开业最初10天进店的顾客，基本上就是你店里长期的顾客，如果你在这10天留不住顾客，你就得关门。"

"为什么?"我有些不解，"一个新开的店，有点不足是难免的。客人也会谅解的，下次改正就行了。"

"不，在日本，没有下次，只给你一次机会。我刚到日本和日本人初交往时，觉得他们很傻，你说什么他们都信，你如果想骗他们其实很容易，但是他们只给你骗一次，以后他们永远不会和你来往。在日本，只要是你本人的原因犯错，你就得走，你不能说：对不起，这次我错了，给我机会，我保证下次改。没有下次，只给你一次机会。"

我看着朋友，突然明白了为什么这些天来，他如此认真，如此精细，这个在我看来没什么了不起的料理店，在他看来，仅次于他的生命，因为他深深知道，这既是他的第一个店，也是他最后一个店，成败只此一次，没有再一，更无再二。

[书外人语] 其实很多时候，如果存了下次再来的心思，那么这次你就不可能全部投入，失败的几率很大。

我在日本受到三次文化震撼

|房　宁

初到异国他乡，常会遇上美国人说的“文化震撼”（culture shock）。的确，不同文化的碰撞，常会让人领悟到一些什么。去年夏天，第一次踏上东邻日本的土地，就时常感受到这种所谓的“文化震撼”，其中有三次给我印象尤深。

早就听说东京的夜景美丽壮观，是世界著名夜景之一。到日本后不久的一天晚上，我请在日本工作的弟弟陪我上了住友三角街的顶层，这里是东京观赏夜景的最佳地点。与纽约、洛杉矶、新加坡等地金光闪亮耀眼的夜晚不同，东京的夜景宛如星河泻地，银灿灿一望无际。看着无数灯光通明的办公大楼，我问弟弟，为什么这么晚了，办公楼还都亮着灯，弟弟答一般公司职员都工作到很晚。

在日访问期间，白天我有自己的活动安排，傍晚下班时分，我总在弟弟工作的公司附近与他会合，请他陪我逛逛。有一天我们走岔了，等了很久不见他的踪影，我就进他公司找他，本以为这么晚公司里一定空空荡荡的，可推开办公室的门却吓了我一跳，员工熙熙攘攘，热闹非凡——大半屋子的人都还在忙碌着，而这时已经下班一个小时了。出门遇上了找回来的弟弟，我问他，下班这么久了你的同事们怎么还不走？弟弟说，日本人就这样，其实他们也没干什么，只是干活儿干得意犹未尽，还想再找点什么事干干。这使我想起母亲曾对我说起过，50年代刚解放时大家下了班都舍不得走，总想再干点什么，晚上办公楼的灯总亮到很晚。那天乘轻轨火车（日本人这样称电车）返回东京远郊的住所时，已是深夜了，而车厢里竟挤得满满的。望着这群满脸倦意、默然站立的日本“上班族”，我内心震动了——我们的近邻竟然是这样工作着！

日本的国民生产总值居世界第二，是个富裕的国家，这是尽人皆知的，去日本前听人说日本人生活还是比较朴素的，“吃得少，干得多”。到日本访问时就留意观察。日本人在饭店里吃饭一般多采取“定食”的方式，与我们的“份饭”类似。即使是高档餐厅的日餐一般也是这种形式，一份“定食”种类并不少，高档的“定食”往往有十几种菜，但每种数量却少得可怜，有的菜竟是一颗青梅或一块鸡蛋大小的没油没盐的生豆腐。

为了搞清日本人的食量，我专门选择了在中国开设连锁店的日本便餐店“吉野家”进行观察和比较。一连几天中午我都在市区的同一个“吉野家”吃中饭，店里没有桌子，只有“吧台”式台子，一到中午，店堂里便人满为患，长条的台子边坐得满满的。现在的日本中青年人的身材已不是当年“小日本”的概念；他们进门后头也不抬，嘴里咕噜一声，伙计听见后一会儿就把一份“定食”端了上来。东京的“吉野家”比北京“吉野家”一份“定食”的数量要少得多——比茶杯大一点的一小碗米饭，刚刚铺满盘底的一小碟涮牛肉片，一小碗酱汤，外加一小撮咸菜，这就是日本一个中年男子的午餐，真有些不可思议。问起一些在日多年的中国留学生，他们回答：这用咱们中国话说叫“常带三分饥与寒”，是日本文化的一种特色。从日本回来后，眼前常常浮现出仔细地吃完一小份饭后默默离去的日本人的身影，一个富裕起来的民族，竟然还能保持如此的朴素。这种朴素难道不比日本经济的富裕和强大更有力量吗?!

盂兰盆节假期的最后一天，我与弟弟驾车去日本著名的旅游胜地伊豆半岛游览。由于是长假的最后一天，返城的车流形成了空前的高潮，从伊豆半岛西部通往东京方向100多公里长的公路上几乎全线塞车。

日本的道路十分狭窄，我们走的“国道”居然只有上下共两条车道，几乎所有的车都是回东京的，对面的来车很少，这样的塞车是我从来没有见过的，简直可以说是蔚为壮观，顺路望去看不到头的车流在一步一挪地缓慢行驶。100多公里的路，我们从下午四五点钟直走到深夜

12点左右，然而就在这全线堵车的100多公里的路上，居然没有出现一个维持秩序的交通警察，也没有看到一辆车从空荡荡的下行车道向前超行，甚至没有人鸣笛催促前面的车辆。日本人就那样耐心地坐在车里，一步一停地向前挪动，挪动。

100多公里长的公路大塞车，日本人竟然秩序不乱；七八个小时的等待，日本人竟然不急，靠着耐心，他们自己竟把这绵延100多公里堵塞的车龙化解了！如此坚忍、守秩序、万众一心的民族，真是可敬又可怕！

[书外人语] 也许是看抗日电影看多了，我不喜欢日本人，但不得不佩服日本人。我们不应忘记历史，但更应着眼未来。中国要想前进，中国人需要学习的地方很多。

坐着的权利

狄 马

1955年12月1日，在美国阿拉巴马州蒙哥马利市一家百货公司工作了一天的黑人裁缝罗莎•帕克斯登上了回家的公交车。那时的公共汽车实行严格的种族隔离制，也就是说，在车厢里白人坐前半部分，而黑人只能坐在后排。可是那一天的黄昏正值下班高峰，上来的人越来越多，于是驾驶员(当然是白人)便命令坐在后排的四个黑人乘客站起来为白人让座，其中的三个照办了，只有帕克斯太太坐着未动。

旋即，她就遭到逮捕。理由是蔑视蒙哥马利市关于公共汽车上实行种族隔离的法令。

这时，一位年轻的黑人牧师马丁•路德•金愤怒了。他站出来告诉大家："美国民主的伟大之处是公民有为权利而抗议的权利。"号召黑人弟兄拒乘公共车。四天后，蒙哥马利市数千名黑人由拒乘开始，掀起了一场美国现代史上黑人为争取基本人权的波澜壮阔的民主运动。他们扶老携幼、互帮互助，或乘小车或步行，甚至宁肯跑步也不乘公共车。为此，许多黑人被白人老板解雇。罗莎•帕克斯在多次接到白人种族主义者的暗杀恐吓后，不得不迁往密歇根州。

但他们争取平等的脚步并没有因此停顿。他们勇往直前，义无反顾。在拒乘了381天后，美国最高法院被迫作出关于蒙哥马利市在公共车上实行种族隔离的法令为"违宪"的裁定。他们回到了久违的公共车上，虽然自由的梦境并没有随着最高法院的裁定书一齐来到，此后他们注定还要为自身的权益付出更多的代价，但胜利毕竟是胜利，以至于44年过去，也就是1999年的6月15日，美国国会议员、民权领袖及各界代表近千人还齐集国会大厅，参加由克林顿总统亲自授予这个瘦弱的黑人老妪——今年86岁的罗莎•帕克斯国会最高荣誉奖的仪式，大家一致称帕克斯太太为"美国自由精神的活典范"。

这个朴实无华、通体散发着慈爱光辉的太太曾有一句著名的话："我上那辆公共汽车并不是为了被逮捕，我上那辆车只是为了回家。"但在一个充满歧视的车厢里，坐着还是站起，确实是一个问题。克林顿引用金博士的话说："她坐在那里没有起来，因为压在她身上的是多少日子积累的耻辱和还未出生的后代的期望。"

[书外人语] 没想到吧，半个世纪以前，有些美国人在公共汽车上连坐着的权利都没有。权利不是等着别人恩赐，而是要自己争取的。

中西思维的差异

|卢秋田

一次，我们有一个代表团出访快结束时，要搞告别宴会，准备答谢一下东道主。答谢宴会的气氛非常热烈，双方都认为，这次访问取得了圆满的成功。但当代表团走了以后，主人跟我说:“我跟你是老朋友，我告诉你实话，我非常讨厌这位团长。”我问为什么讨厌他？他说:“这位团长和我握手的时候，眼睛却看着我后边的人，竟然还跟他讲话，这是对我人格的侮辱！”原来在他们国家，握住谁的手，必须眼睛看着谁。可惜这位团长没有机会，也永远不会有机会听取这个主人对他的意见。

记得有一年，荷兰有位贵宾到中国访问，安排他的夫人参观幼儿园。那天下着毛毛细雨，她到达幼儿园门口时，看见一群孩子站得笔直，在门口迎接她，她看到这些感觉很不舒服。接着参观幼儿园的教室，进去后，每一个五六岁的孩子都背着手，面部表情十分严肃。她很快结束了参观。回国后，她请我到她家里看她拍的参观幼儿园的幻灯片，说这是这次访问感到最不舒服的事，下着雨，为什么还要让孩子到门口来？为什么孩子都是这样端正地坐着，五六岁的孩子应该是非常调皮的，吵吵闹闹是正常的，那才像幼儿园。我想幼儿园的老师，为了做到秩序井然，一定做了大量的工作，认为这才是有礼貌的文明表现。而就欧洲人的思维方式来说是很难理解的。

在西方人的思维方式中,“友谊是友谊，生意是生意”。我在卢森堡任大使，举行一次宴会，邀请了十位有名企业家来使馆做客。他们吃得很满意，感觉很丰盛，告别的时候一再表示感谢。恰好第二天，布鲁塞尔来一个代表团，我必须到火车站去接。由于我去得太早，就先在火车站旁边逛书店，没想到书店的老板正是昨天我宴请的客人。他又提起昨晚宴请，再次表示感谢。我说我想买一份今日早报，于是我买了一份

《卢森堡时报》，他领我到收钱的地方，请我付钱。旁边的司机兼我们使馆招待员说，昨天来使馆吃饭的不就是这个胖子吗？为什么一张报纸还要收你钱呢，太不够意思了。我说老李，你不知道，他们就是这样。你等着，很可能一个月以后他要回请我，他可以用5000法郎来宴请我，但这10个法郎却照收不误。

[书外人语] 有些思维方式上的差异可以说是无关宏旨的习惯上的不同，谈不上优劣，但有些方面则可以提升到一定的高度，须认真对待与反思。

第九辑

[古人谋略]

曾国藩的“失礼”

曾国藩带湘军围剿太平天国之时，清廷对其是一种极为复杂的态度：不用这个人吧，太平天国声势浩大，无人能敌；用吧，一则是汉人手握重兵，二则曾国藩的湘军是曾一手建立的子弟兵，又怕对自己形成威胁。在这种指导思想下，对曾国藩的任用上经常是用你办事，不给高位实权。苦恼的曾国藩急需朝中重臣为自己撑腰说话，以消除清廷的疑虑。

忽一日，曾国藩在军中得到胡林翼转来的肃顺的密函，得知这位精明干练的满族重臣推荐自己出任两江总督，朝廷业已同意，不日即有圣旨。曾国藩大喜过望。

曾国藩提笔想给肃顺写封信表示感谢。但写了几句，他就停下了。他知道肃顺为人刚愎自用，很有些目空一切的味道，用今天的话来说，就是有才气也有脾气。他又想起历史上众多权臣的下场，肃顺这种专权的做法能持续多久呢？虽说肃顺是满族权贵中人得的干员，对自己多有照顾，但自己是为朝廷办事，有必要同肃顺走那么近吗？

思前想后，曾国藩没有写这封信。

后来，肃顺被西太后抄家问斩。在众多官员讨好肃顺的信件中，独无曾国藩的只言片语。

[书外人语] 要做大事，还得有些必要的“小心眼”。

在仓还是在厕

|剑 朋

大家都知道，李斯是秦朝的丞相，辅佐秦始皇统一并管理中国，立下汗马功劳。可少有人知，李斯年轻时只是一名小小的粮仓管理员，他的立志发愤，竟然是因一次上厕所的经历。

那时，李斯26岁，是楚国上蔡郡府里的一个看守粮仓的小文书。他的工作是负责仓内存粮进出的登记，将一笔笔斗进升出的粮食进出情况认真记录清楚。

日子就这么一天天过着，李斯不能说完全浑浑噩噩地，但也没觉得这有什么不对。直到有一天，李斯到粮仓外的一个厕所解手，这样一个极其平常的小事竟改变了李斯的人生态度。

李斯进了厕所，尚未解手，却惊动了厕内的一群老鼠。这群在厕所内安身的老鼠，个个瘦小干枯探头缩爪，且毛色灰暗，身上又脏又臭，让人恶心之极。

李斯看见这些老鼠，却忽然想起了自己管理的粮仓中的老鼠。那些家伙一个个吃得脑满肠肥，皮毛油亮，整日在粮仓中大快朵颐，逍遥自在。与眼前厕所中这些老鼠相比，真是天上地下啊!

人生如鼠，不在仓就在厕，位置不同，命运也就不同。自己在这个小小的上蔡城里这个小小的仓库中做了8年的小文书，从未出去看过外面的世界，不就如同这些厕所中的小老鼠一样吗?整日在这里挣扎，却全然还不知有粮仓这样的天堂。

李斯决定换一种活法，第二天他就离开了这个小城，去投奔一代儒学大师荀况，开始了寻找“粮仓”之路。20多年后，他把家安在了秦都咸阳的丞相府中。

[书外人语] 想想自己是“在仓”还是“在厕”，能否寻求到更广阔的生存空间和发展平台?

明哲保身

清雍正年间的大将年羹尧在镇守西安之时，广求天下之士，厚养幕中。有一位孝廉叫蒋衡，应聘前往。年羹尧甚爱其才，对他说：“下科状元一定是你的。”

年羹尧说话口气如此之大，正是依仗他自己的功劳以及与皇帝的特殊关系。蒋衡见他威福自用，骄奢之极，就对他的一个同僚说：“年羹尧德不胜威，当今万岁英明神武，年大祸必至，我们不可久居此处。”他的同僚不以为然，年羹尧的权势正如日中天，多少人巴不得投奔到他的门下呢。

蒋衡不顾同僚劝阻，执意称病回家。年羹尧挽留不住，取1000两黄金相赠，蒋衡坚辞不受，最后在年的坚持下，只接受了100两。

蒋衡回到家不久，年羹尧果然就出事了，牵连了不少人。而年羹尧一向奢华，送人不到500两黄金的，从来不登记，蒋衡因故只接受百两之赠，从而确保自己平安无事。

［书外人语］骄横之人必不能长久，最好不要跟随这样的人，以免祸及自身。

胡林翼祝寿

“曾左彭胡”是清朝中兴的四大名臣，胡林翼虽然排名最后，很大程度上是因他去世得早，实则他的功勋与前三位相较，实不相差多少，而且在前三位最艰难的时候，也都赖胡的大力扶持与帮助。胡林翼勇于任事，见识非凡，做事做官都很有一套。

当胡林翼在湖北任军门提督时，一把手湖北巡抚满人官文，是个糊涂官，但很得朝廷的信任。胡林翼要全力支持曾国藩的前线战事，就必须同官文搞好关系，否则就很难办成事。

某日官文大发请帖，说是要为夫人做寿。胡林翼备礼前往，及到门口，看见有些官员怒容满面，拂袖而去，这才知道官文是给五姨太做寿，而不是原配夫人。以当时习俗，姨太太是没什么地位的，尽管官文很喜欢这位姨太太，可还是有许多官员觉得难堪。

以胡林翼的身份名望，完全可以不去拜寿。但胡林翼不仅进府拜寿，还在席间提出，自己的母亲没有女儿，一直想认个干女儿，五姨太如此人品，老太太定然满意。

官文和五姨太见胡林翼能赏脸光临，已是大大的高兴，再听此言，更是心花怒放，这样一来五姨太的出身地位就风光了许多。第二天五姨太即前往胡府拜见老太太，正式认亲。

在当时各省中，一般都是满人、汉人搭班子，多数合不来，互相牵制。惟有湖北，将相和睦，胡林翼得以全力做事，而官文不但不再添烦，还总在朝廷面前为其美言。

[书外人语] 胡林翼身为一代名臣，为顾全大局，不计小节，其良苦用心让后人叹服。一代伟人毛泽东就极拜服自己这位老乡，据说他的字“润之”这两个字就是从胡林翼这儿来的。

官渡之战的余声

东汉末年，曹操率兵在官渡大败袁绍，创造了中国战争史上以少胜多的著名范例，为其统一北方奠定了基础。

双方交战之时，袁绍兵力数倍于曹操，曹军形势一度岌岌可危。幸亏袁绍刚愎自用，不听谋士忠言，致使该谋士愤而投曹，献计献策，火烧乌巢——袁军粮草重地，曹军方得大胜。

胜利后，曹军发现袁绍的文件中有大量朝中官员给袁绍的书信，全都是讨好袁绍，以为自己谋好退路。有人建议曹操彻底追查此事，以通敌罪名论处这些官员。

曹操否决了这个建议，也没看这些信件，命人全部烧掉。望着燃起的火焰，曹操说："当时形势危急，我尚不能自保，他们这样做也是迫不得已啊!"

论及见识胸怀以及收买人心的策略，曹操的确高人一筹。

[书外人语] 如果去追查呢？一则显得自己没有容人胸怀，不近人情；二则会将这些人逼向敌手一边，等于削弱自己而增强敌人实力。

老妇人的悲伤

吴起是我国战国时期的一代名将，他所统率的军队打起仗来奋勇向前，战无不胜，令敌人闻风丧胆。为什么将士们都乐于为他效命呢?原来吴起对待下属非常好，爱兵如子，很会收买人心。

有一次军中一位士兵生了脓疮而痛苦不堪，吴起看到了，就立刻俯下身去用嘴把脏乎乎的脓血吸干净，又撕下战袍把士兵的伤口仔细包扎好。在场的士兵无不感动得热泪盈眶。

这位士兵的同乡后来将此事告诉了士兵的母亲，老妇人听后放声大哭。别人以为老人是感动得哭，谁料想老人却说:“我这是伤心，我儿子的命将保不住了。以前我丈夫在吴将军手下当兵，吴将军对他也是这样好，后来在战争中我丈夫为报答将军的恩，拼死向前，结果战死在沙场。现在又轮到我儿子了。”

[书外人语] 士为知己者死。收买人心是最厉害的管理着数，尤其是在中国这样一个历来重视情义的国度中。

大智若愚

战国末期秦国大将王翦奉命出征，出发前，向秦王请求赐给良田房屋。

秦王说:“将军放心出征，何必担心呢?”

王翦说:“做大王的将军，有功最终也得不到封侯，所以趁大王赏赐我临别酒饭之际，我也斗胆请求赐给我田园，作为子孙后代的家业。”

秦王大笑，答应了王翦的请求。

王翦到了潼关，又派使者回朝请求良田，秦王爽快地应允。

手下心腹劝告王翦。王翦支开左右，坦诚相告:“我并非贪婪之人，因秦王多疑，现在他把全国的军队交给我一人指挥，心中必有不安，所以我多求赏赐田产，名为子孙计，实为安秦王之心，这样他就不会疑我造反了。”

[书外人语] 请求封赏，至多让人觉得贪财，总比被人怀疑造反要好得多。有恒产者有恒心，在西方社会，没有家室财产的人很难担任公众职务，因为大家不放心。

如果泯灭了个性

|张玉庭

有个故事，总喜欢讲给学生听。

在清代乾隆年间，有两个书法家，一个极认真地模仿古人，讲究每一笔每一划都要酷似某某，如某一横要像苏东坡的，某一捺要像李太白的。自然，一旦练到了这一步，他便颇为得意。另一个则正好相反，不仅苦苦地练，还要求每一笔每一划都不同于古人，讲究自然，直到练到了这一步，才觉得心里头踏实。

那么，究竟谁更高明呢?那个故事没说，只是交代了一个情节——有一天，第一个书法家嘲讽第二个书法家，说:“请问仁兄，您的字有哪一笔是古人的?”后一个并不生气，而是笑眯眯地反问了一句:“也请问仁兄一句，您的字，究竟哪一笔是您自己的?”第一个听了，顿时张口结舌。

[书外人语] 齐白石先生言“学我者生，似我者死。”走不出前人的框架，自然也就不会有自己的天地。

讲道理

孔子在带领学生周游列国的途中，有一次，一匹驾车的马脱缰跑开，吃了一位农民的庄稼，这位农民就把马扣住不给。

弟子中子贡能说会道，自告奋勇去交涉，结果子贡讲了半天道理，说了不少的好话，农民就是不还马，子贡只好灰溜溜地回来了。

孔子见状，笑着说："拿人家听不懂的道理去游说人家，就好比用高级祭品去贡奉野兽，用美妙的音乐去取悦飞鸟，怎么行得通呢？"于是让马夫前去讨马。

马夫走到农民跟前，笑嘻嘻地说："老兄，你不是在东海种地，我也不是在西海旅行，我们既然碰到一起了，我的马吃你两口庄稼也不是什么大不了的事。"

农民听马夫这样说，再看看与自己相同打扮的马夫，觉得很亲切，就十分痛快地把马还给了他。

[书外人语] 在农民面前大讲诗、书、礼、乐的大道理，正是腐儒的表现之一。子贡自此事中认识了不少道理，其后才有所作为。

良药为何一定要苦口

| 肖 剑

三国时期，曹操准备镇抚关中以后，即回师洛阳，可是关中某地豪强许攸拒绝率部归降曹操，还说了许多谩骂曹操的话，曹操大怒，准备

下令征讨许攸。

群臣纷纷劝曹操用招抚的办法使许攸归顺，以便集中力量对付蜀吴军队的侵扰。曹操丝毫听不进去，且横刀膝上，群臣们吓得谁也不敢作声了。

留府长史杜袭却仍上前劝谏，曹操劈头喝道:“我的主意已定，你不要说了。”

杜袭问道:“您看许攸是个什么样的人呢?”

曹操怒冲冲地说:“不过是个匹夫罢了。”

杜袭说:“对呀，只有贤人才了解贤人，圣人才能理解圣人。像许攸这样的人，怎么能了解您的为人呢?所以您犯不着去跟他生气。现在大敌当前，豺狼当道，您却要先去打狐狸，人们会议论您避强攻弱的。这样的进军算不上勇敢，收兵也算不上仁义。我听说力张千钧的巨弩，不会对小老鼠扣动扳机；重逾万石的大石，不会因小草棍的敲打而发出声音。现在一个小小的许攸，哪里值得劳您的大驾呢?”

曹操听了这番话，觉得很入耳，便爽快地接受了杜袭的劝告，以优厚的条件去招抚许攸，许攸果然被招服了。

[书外人语] 良药苦口利于病，忠言逆耳利于行。但高明的医生会在良药外边裹上糖衣，杰出的智者会把忠言说得同样入耳动听。

说话的艺术

明代开国皇帝朱元璋，出身贫寒，少年时候就放牛，给有钱人家打工，甚至一度还为了果腹而出家为僧。但朱元璋却胸有大志，风云际会，终于成就一代霸业。

朱元璋当了皇帝以后，有一天，他儿时的一位穷伙伴来京求见。朱元璋很想见见旧日的老朋友，可又怕他讲出什么不中听的话来。犹豫再三，总不能让人说自己富贵了不念旧情吧，还是让传了进来。

那人一进大殿，即大礼下拜，高呼万岁，说:“我主万岁！当年微臣随驾扫荡芦州府，打破罐州城。汤元帅在逃，拿住豆将军，红孩子当兵，多亏菜将军。”

朱元璋听他说得动听含蓄，心里很高兴，回想起当年大家饥寒交迫时有消息传出，另一个当年一块放牛的伙伴也找上门来了，见到朱元璋，他高兴极了，生怕皇帝忘了自己，指手画脚地在金殿上说道:“我主万岁！你不记得吗?那时候咱俩都给人家放牛，有一次我们在芦苇荡里，把偷来的豆子放在瓦罐里煮着吃，还没等煮熟，大家就抢着吃，把罐子都打破了，撒下一地的豆子，汤都泼在泥地里，你只顾从地下抓豆子吃，结果把红草根卡在喉咙里，还是我出的主意，叫你用一把青菜吞下，才把那红草带下肚子里。”

当着文武百官的面，“真命天子”朱元璋又气又恼，哭笑不得，只有喝令左右:“哪里来的疯子，来人，把他轰了出去。”

[书外人语] 一样的内容，不同的人用不同的方式说出来，结果也就不一样。

忠奸之辩

唐太宗贞观初年，有人上书请求唐太宗李世民清除奸臣。太宗问道：“我所任用的都是贤良忠臣，你知道谁是奸佞之臣吗?”

“臣请陛下假装发怒，以此试验群臣。如果谁能不怕陛下的震怒，仍敢直言进谏，就是忠正之臣；如果只是顺从陛下旨意，一味阿谀奉承，则就是奸佞之人。”

太宗听后，哂然一笑，说道：

“流水是清是浊，在其水源。君主是政令的发出者，好比水的源头，群臣百姓好比是流水。君主带头伪诈而要求臣下行为忠直，就好比水源浑浊，而希望流水清澈一样，是不合乎道理的。我想使大信行于天下，不想用伪诈的方法破坏社会风气。你的方法虽然很灵验，我却绝不能采用。”

［书外人语］如果在中国众多皇帝中排定名次的话，唐太宗是当之无愧的第一。毛泽东曾要各级干部学习《贞观政要》。

后主刘禅

殷 雄

后主刘禅是历史上有名的“扶不起的阿斗”，“此间乐，不思蜀”的主儿。按通常史家的说法，这个刘禅弱智糊涂，活活累死了诸葛亮，果真是这样吗?我们不妨看看另一种说法。

白帝城托孤时，刘备对诸葛亮说：刘禅行，你就辅佐他，要是不行，你就自己来。先就拿话把诸葛亮给挤兑住了，并让刘禅叫诸葛亮为“相父”。

其时刘禅正值青春韶华之际，按常理，诸葛亮有责任使刘禅尽快由一位“见习”皇帝成长为“在职”皇帝。但是，由于“政事无巨细，咸决于亮”，刘禅自己就表态：“政由葛氏，祭则寡人”。也就是说，刘禅除了给刘备上坟以外，无事可做，刘禅就果真那样昏庸无能吗?在“相父”

去世后，他对诸葛亮的不满情绪就明显地流露出来了，主要表现在三个方面：

其一，坚持拒绝给诸葛亮立庙，这是不满情绪的公开表露。史称诸葛亮“初亡，所在各求立庙”，但刘禅以诸葛亮并非皇族这个借口而拒绝。最后迫于群臣的压力及百姓的呼声，才勉强同意在靠近诸葛亮墓的地方修建庙宇。

其二，诸葛亮死后，刘禅废除了丞相制，这是对诸葛亮生前所确定的组织与人事制度的直接否定。刘禅害怕再出现大权旁落的局面，对诸葛亮生前指定的接班人蒋琬和费祎二人分而制之，使二人的权力互相交叉制约。

再者，诸葛亮死后，刘禅对劳民伤财的北伐军事行动有所制约。姜维后来数度出兵，朝中总是加以制约，将他用于北伐的兵力限制在1万人以内。当然也许有人说刘禅胸无大志，但在当时敌强我弱的局面下，放弃不切实际的幻想而采用休兵安民的现实主义政策也不无道理。诸葛亮死后的第29年，蜀汉才灭亡，难道能说刘禅一点贡献也没有?他投降后的表现，也是否是一种明哲保身大智若愚的策略呢?

[书外人语] 诸葛亮、刘禅的千秋功过自有史家评说，非本书本文的任务。此处，我们只是想说，评价一个人物绝不是人云亦云地那么简单。

谁陪君王喝酒

春秋时，晏婴和穰苴是齐国的两位名臣，分别担任相国和大司马要职，主持政务和军务。

一天，齐景公在宫中喝酒时忽感无聊，吩咐侍从拿着酒具，要到晏婴家去接着喝酒。晏婴接到通报，马上穿着朝服，手拿笏牌站在门外，等候齐景公的到来。齐景公还未下车，晏婴就迎上去问道："诸侯得无有故乎?国家得无故乎?"当齐景公说明来意后，晏婴说："安国家定诸侯的事，臣请谋之。至于陪您喝酒的事，您左右有的是人，臣不敢与闻。"

齐景公讨了个没趣，只好吩咐改到穰苴家去。不料到门口一看，这位大司马穿盔戴甲，手执长矛，见面就问："诸侯得有无有兵乎?大臣得无有叛者乎?"当齐景公说只是想喝几杯时，被穰苴以与晏婴同样的理由拒绝了。

各国诸侯听说这件事后，各自警觉，绝不敢轻易与齐国为敌，因为他们知道齐国有两个擎天大柱。

[书外人语] 以当时情景，相国与大司马绝不可能事先通气，他们只是按自己的思维逻辑和原则行事，竟然英雄所见略同。他们非常清楚自己的职责是什么，耻于做这种与国事无关的讨好献媚之举。

曹彬对付小人

北宋开国名将曹彬为人诚实，宽厚仁义，尤以御将有恩而为时人称道，史称"气质淳厚"。其实曹彬对付小人也很有一套办法。

有一次，宋太祖赵匡胤任命曹彬为主将，率军征讨南唐，临行前太祖交给他一把尚方宝剑，说："副将以下，不用命者斩之。"接着又问曹彬还有什么要求。曹彬说，请求皇上恩准，调用将军田钦祚担任另一路的前敌指挥官。这一请求弄得部下们莫名其妙，因为大家都知道，这个姓田的既狡猾又贪婪，爱争功名，最讨人嫌的是爱在背后打小报告。这样的人大家躲都来不及，为什么还要把他弄到军中呢？

曹彬事后曾对心腹言明个中道理：此番南征，任务艰巨，时间要很长，需要朝中群臣的全力支持，自己领兵在外，若朝中有人不断进谗言捣乱，这很有可能坏了大事，而这个田某就极可能是这样的角色；要防他，最好的办法就是把他放到自己的眼皮底下，派他点用场，分他点功名，堵住他的嘴；再者还有尚方宝剑嘛，不怕他闹事。

这样一说，心腹才明白曹彬的深远用意，连称高明。

[书外人语] 有君子就有小人，这是社会的客观存在。对付小人一味躲避恐不是上策，曹彬将其纳入自己的掌握之中不失为一种聪明的办法。

管鲍之交

春秋时鲍叔牙和管仲二人是好朋友，二人相知很深。

他们俩人曾经合伙做生意，一样地出资出力，分利的时候，管仲总要多拿一些。别人都为鲍叔牙鸣不平，鲍叔牙却说，管仲不是贪财，只是他家里穷呀。

管仲几次帮鲍叔牙办事都没办好，三次做官都被撤职，别人都说管仲没有才干，鲍叔牙又出来替管仲说话："这绝不是管仲没有才干，只是他没有碰上施展才能的机会而已。"

更有甚者，管仲曾三次被拉去当兵参加战争而三次逃跑，人们讥笑地说他贪生怕死。鲍叔牙再次直言：管仲不是贪生怕死之辈，他家里有老母亲需要奉养啊！

后来，鲍叔牙当了齐国公子小白的谋士，管仲却为齐国另一个公子纠效力。两位公子在回国继承王位的争夺战中，管仲曾驱车拦截小白，引弓射箭，正中小白的腰带，小白弯腰装死，骗过管仲，日夜驱车抢先赶回国内，继承了王位，称为齐桓公。公子纠失败被杀，管仲也成了阶下囚。

齐桓公登位后，要拜鲍叔牙为相，并欲杀管仲报一箭之仇。鲍叔牙坚辞相国之位，并指出管仲之才远胜于己，力荐齐桓公不计前嫌，用管仲为相。齐桓公于是重用管仲，果然如鲍叔牙所言，管仲的才华逐渐施展出来，终使齐桓公成为春秋五霸之一。

[书外人语] 千百年来，“管鲍之交”一直被誉为交友的最高境界，所谓春秋霸业早已是历史云烟，但鲍叔牙宽阔无私的胸怀、对朋友的了解信任却永久地被人称道。

智慧与风骨

|孙玉祥

17世纪，法国皇帝路易十四写了一首文理不通的诗，自鸣得意，问当时有名的文学批评家布瓦洛:“此诗如何?”布瓦洛皱着眉头将诗看了一遍，说:“皇上真是天纵英明，无所不能——想作一首歪诗，一作就作出来，臣下佩服之至。”路易十四顿时面红耳赤。

与外国同行相比中国文人可就艰难多了，因为中国皇帝更专横。东晋简文帝日理万机之余，雅好涂鸦，写完后问臣子王献之:“卿以为朕字如何?”大书法家王献之说:“皇上的字自然是好的。”“怎么个好法?与卿比如何?”简文帝追问。“皇上的字在皇上中是好的，臣下的字在臣下中是好的。”简文帝听后非常羞愧。

清朝乾隆皇帝号称“十全老人”，据说一生写下的诗不下10万首！若诗论量不论质，则中国诗坛第一把交椅非此公莫属。一次，他与文臣纪晓岚一块儿去白龙寺烧香，乾隆撞了一下寺中大钟，钟声未歇，他“诗”句已出:“白龙寺里撞金钟……”纪晓岚一听笑出声来。乾隆马上板起脸:“朕诗不好耶?卿何得笑欤?”纪晓岚回答:“因为臣想起唐代大诗人李白有句‘黄鹤楼中吹玉笛”，千古独步无以为对，今皇上一出不正好与之相对么?”乾隆的诗与李白的“黄鹤楼中吹玉笛”相比，优劣高下，一目了然。

专制时代，文人要保持风骨很难，上列三人既保持了风骨，又保住了自己的脑袋，聪明！

[书外人语] 侍候这样有一点才的主子，一味拍马屁自己不乐意，一味直言犯上也不招待见。既含蓄地表示出自己的真实看法，又给上边留下脸面，确实需要智慧以及应变之才。

后　记

“小中见大·智慧文丛”自2000年初问世以来，经过了漫长的时间和市场验证，已成为中国图书市场上一个优秀的图书品牌，文丛的精华选本于2003年获“第六届全国优秀少儿图书奖”，于2004年获“第十四届中国图书奖”，2005年，本文丛的繁体字版本入选香港地区“中学生好书龙虎榜”。同时，本文丛中的多篇文章被选入不同地区的华语教材，也有很多学生从本文丛中获益，他们中有黑龙江省的高考状元，有全国小学生阅读大赛一等奖得主……

“小中见大·智慧文丛”开创了一种全新的图书体例：蕴涵丰富哲理的小故事+精妙简短的评语。这类图书在编辑创意上看似简单，但尤见编者功底：一是所选故事是否格调高雅，寓意深远，文字优美；二是所作点评是否切合主旨，微言大义，对原故事有所提升，对读者有所警醒启发。确实是小中见大，要在细致处精心作文章。在广大读者心目中，“小中见大·智慧文丛”仍是他们的最爱和首选，正如第十四届中国图书奖的评审专家所说：

“该书选择精审，每一篇都有深刻的寓意，读者在阅读的同时，体验生命的豁然开朗，享受智慧的自由飞翔，颇能启人心智，发人深思。同时，所选故事又有很强的可读性，将深刻的哲理与生活意义故事情节结合起来是其最突出的特点。这样的书适合不同年龄，不同职业，不同社会阶层的读者阅读。”

这次改版，我们仍旧坚持了原书主旨和格调，入选的故事都有着健康的格调，丰富的哲理，优美的文笔，只是在篇幅的限制下，删减了一些文章。

最后，我们要感谢多年来一直关爱着我们的读者及众多朋友，是大家的支持和帮助让我们走到了今天。书中所有故事的作者，更是我们大家的良师益友，因为他们的智慧和汗水，我们才能享受到这样美妙的阅读体会。欢迎各位与我们联系并批评指正，我们的邮箱是：canglang@vip.sina.com。

感谢读者朋友在众多的图书中选择了本书，祝大家健康进步！

编　者

[小中见大·智慧文丛]

解开桎梏心灵的锁链　享受智慧的自由飞翔

《虚掩的门》我先在书店中买了一本，看完后我又专程到图书批发市场买了20本分送朋友。我觉得这本书给我的启发太多了。

——张文英（武汉读者 公司职员）

这套文丛可说是文摘中的文摘，精品中的精品，把散落的珍珠串成了一条灿烂的珠链。

——江雨（辽宁读者 机关干部）

我儿子今年参加高考，我本不让他读课外书的，但《虚掩的门——小故事中的大智慧》是我推荐给他的，我觉得这本书对他做人和学习都大有好处，而且读起来又非常轻松有趣。

——刘晴（四川读者 书店经理）

生活中处处有墙有门，几乎门门有锁，这些都只是为了一种安全，而不是为了束缚。但可怕的是心里的锁，它会锁住一个人心中智慧之鸟飞翔的翅膀，让人画地为牢，难有突破。

——肖剑（本书顾问 作家）

ISBN 978-7-80195-648-4

定价：26.00元